W0046042

München 2/12/12

Gil Yaron
Lesereise Israel/Palästina

Für die einzigartige Ellen,

Auf ein baldigeres
Wiedersehen, in München
wie in Israel,

Dein

Gil Yaron

Lesereise Israel/Palästina

Zwischen Abraham
und Ibrahim

Picus Verlag Wien

Informationen über das aktuelle Programm
des Picus Verlags und Veranstaltungen unter
www.picus.at

Inhalt

Ein Vorwort

Zwei Dinge kann man sich aus Palästina nicht wegdenken: Zigaretten und die israelische Besatzung. Fast jedes Interview für dieses Buch wurde in einer Wolke dichten, grauen Qualms geführt. Gleich ob jung oder alt, Frau oder Mann, religiös oder säkular, ob tief in der Wüste Judäas, neben der Moschee in der *Kasba* von Nablus oder im Gedränge der Nachtclubs Ramallahs – nie bewegten sich die Lippen, ohne sich hin und wieder an das Ende eines glühenden Glimmstängels zu schmiegen. Gesundheitsvorsorge ist bei einem Volk im Freiheitskampf anscheinend Nebensache. Die Palästinenser haben wahrlich größere Sorgen als sich den Luxus leisten zu können, sich über Lungenkrebs in zwanzig Jahren Gedanken zu machen. So war Passivrauchen bei der Vorbereitung dieses Buches wahrscheinlich die größte Gefahr, der der Autor im Laufe seiner Arbeit ausgesetzt war. Angesichts der Nachrichtenlage mag das überraschen, darf Palästina doch von sich behaupten, das bekannteste Krisengebiet der Welt zu sein. Es wird eher mit Steine werfenden Jugendlichen, Raketenbeschuss, Vergeltungsaktionen, grausamer Besatzung und Selbstmordattentaten assoziiert als mit duftendem Kaffee, sanft rollenden grünen Hügeln oder dem Lächeln und den offenen Armen, mit denen Fremde hier begrüßt werden.

Genau wie sein Vorgänger »Lesereise Israel. Party, Zwist und Klagemauer« verfolgte dieser Band vor allem eine Absicht: das andere, freundliche, originelle, noch unentdeckte touristische Palästina jenseits der Politik zu beschreiben, also jenes Land, das in den Nachrichten viel zu kurz kommt. Das ist misslungen. Je tiefer man in die palästinensische Gesellschaft eintaucht, desto mehr entdeckt man, dass der Wunsch, das Problem der israelischen Besatzung bei der Beschreibung Palästinas auszublenden, dem Versuch gleichkommt, der Masse palästinensischer Kettenraucher die Zigaretten aus dem Mund zu reißen. Es wäre eine Vergewaltigung der Tatsachen, die Verfälschung einer schwierigen, ungesunden Realität.

Während man in Israel die Besatzung leicht verdrängen kann, ist sie in Palästina Grundbestandteil des gesellschaftlichen Gefüges. Als Mensch, der aus einem freien Land kommt, ist es verblüffend, wie allumfassend, allgegenwärtig die Effekte der Besatzung sind. Kein Aspekt des Alltags bleibt unberührt. Und so findet der Exkurs über den Freiheitskampf gegen Israel seinen Niederschlag in fast jedem Interview, egal ob es zum Thema Humor, Liebe, Mode, Hightech oder Nachtleben geführt wird. Wer Palästinenser verstehen will, muss die Hoffnungslosigkeit der Besatzung nachvollziehen, die allumfassende

Gegenwärtigkeit des israelischen Sicherheitsapparats nachempfinden. Ein Besuch in Palästina ist kein Wohlfühlurlaub, sondern eine schmale Gratwanderung zwischen Abenteuer und Erholungsreise, zwischen Orient und Okzident, zwischen warmer Gastfreundschaft und kaltem, paranoidem Judenhass, zwischen Menschen, die die Größe besitzen, zu verzeihen, und denjenigen, die es für Größe halten, Rache zu üben.

Die dunkle Wolke des stockenden Friedensprozesses wirft einen düsteren Schatten über das Land und lässt keine Hoffnung auf Frieden aufkeimen. Dies ist auch der Hintergrund des wichtigsten Mankos dieses Buches über Palästina: Den Gazastreifen mit seinen blütenweißen Stränden, seinen quirligen, farbigen *Suqs* und den romantischen Dünen an der Küste konnte der Autor nicht besuchen, weil er die israelische Staatsbürgerschaft besitzt. Diese Staatsbürgerschaft dürfte manchen Interviewpartner beeinflusst haben, auch wenn sie aus Sicherheitsgründen in manchen Fällen nicht offen dargelegt wurde.

Trotz dieses betrüblichen politischen Hintergrunds wird das Westjordanland als Reiseziel unterbewertet. Das Risiko einer Fahrt in die palästinensischen Gebiete ist klein, wahrscheinlich nicht viel größer als beim Passieren einer Hauptverkehrsstraße in jeder beliebigen deutschen Großstadt. Solch ein Besuch ist aber nicht bloß sicher, er ist auch lohnenswert. Wenige Orte auf der Welt sind noch so unverfälscht, sind vom gleichmachenden, globalisierenden Effekt riesiger Touristenströme so bewahrt geblieben wie die Städte des Westjordanlands. Während Millionen Pilger sich auf den abgetretenen Pfaden der Heiligen Stätten bewegen, wird in den *Kasbas* von Hebron oder Nablus authentische arabische Kultur bewahrt. Die Anblicke, an denen man hier vorbeischreitet, sind manchmal so voller Stereotype, als stammten sie aus einem zweitklassigen Hollywoodfilm. In den Gassen der *Kasbas* baumeln zur Freude zahlreicher Fliegen Gerippe der am Morgen geschlachteten Schafe vor den Geschäften der Fleischer. Imbissbuden schicken ihre Gäste in die Moschee nebenan, wenn diese nach einer Toilette fragen. Im Friseurladen zieht der Besitzer gemütlich an seiner Wasserpfeife, trinkt mit seiner Klientel genüsslich starken, süßen schwarzen Kaffee mit Kardamom und ergötzt sich an den Postern an der Wand. Die zeigen nicht etwa schöne Models in spärlicher Bekleidung, sondern die Erzfeinde des Westens, die sich in Siegespose zeigen: Hier winkt Saddam Hussein, da lächelt freundlich Hassan Nasrallah, der Chef der libanesischen Hisbollahmiliz. Dort starrt eine Vierergruppe von Selbstmordattentätern voller Pathos von der Wand.

Bedrohlich? Wenn man hier im falschen Zusammenhang und mit bösen Absichten auftaucht, bestimmt. Die Spannungen und Zusammenstöße, von denen die Medien berichten, sind kein Hirngespinst. Natürlich kommt es zu Auseinandersetzungen zwischen Soldaten und Demonstranten, zu Übergriffen von Siedlern auf palästinensische Bauern, werfen Jugendliche Steine auf israelische Fahrzeuge, begehen Terroristen Attentate. Doch als Besucher oder Beobachter ist man von dieser Animosität ausgenommen. Wer Menschen mit ehrlicher Offenheit begegnet, den erwartet in Palästina vornehmlich eines: Herzlichkeit, und das von allen Seiten. Egal ob Siedler oder Soldat, Therapeut oder Terrorist – sie alle empfangen Fremde mit offenen Armen. Und das ist es letztlich, was dieses Land so attraktiv macht: Andere Länder mögen höhere Berge, längere Strände, vielleicht sogar eine ältere Geschichte haben. Doch in Palästina und Israel erwartet den Besucher ein erfrischend verwirrendes Wechselbad von Gefühlen. Man ist von der Herzlichkeit eines Menschen begeistert, der im nächsten Augenblick erzählt, wie sehr er seinen Nachbarn hasst und am liebsten töten würde. Man lernt die Intelligenz eines anderen zu schätzen und ist verblüfft, welch haarsträubenden Verschwörungstheorien dieser anheimfällt. Und so wandert man hin und her zwischen offenen, warmen und grundsätzlich verschiedenen Menschen unterschiedlichster Couleur. Wer geistig flexibel genug ist, für den ist eine Reise hierher eine atemberaubende Erfahrung.

Vom Lehen zum Lager

Palästinenser fühlen sich wie Khalil Muhammad al-Laham, der Sohn eines wohlhabenden Scheichs, der mit Israels Staatsgründung zum mittellosen Flüchtling wurde

Kaum ein Ort in Palästina dürfte bedrückender sein als ein Flüchtlingslager im Winter: Bunt zusammengewürfelte Häuser drängen sich ohne erkennbare Planung dicht an dicht, wobei bunt eigentlich das falsche Wort ist. Wenn im Winter ein dunkler Wolkenhimmel von Regen kündet und ein kalter Wind über die Berge Judäas pfeift, bietet roher Beton in Fülle dem Auge nur verschiedene Schattierungen von Grau. Für farbigen Anstrich oder Putz fehlt Flüchtlingen meist das Geld. Als Wandschmuck dient das kämpferische Graffiti verschiedener Widerstandsorganisationen. Hier lächelt die »Märtyrerin« Leila Khaled, Großmutter der modernen Flugzeugentführung, mit einer Kalaschnikow in Händen, dort flattern farbige Poster palästinensischer Häftlinge, die seit Jahren wegen Terrorverdacht in israelischen Gefängnissen einsitzen. Kein Baum sprießt zwischen den niedrigen Gebäuden, die trotz ihrer Dichte kein Gefühl der Geborgenheit aufkommen lassen. Enge, steile Gassen zwingen selbst den draufgängerischsten Autofahrer dazu, den Fuß vom Gas und die Hand von der Hupe zu nehmen. Es verlangt höchste Vorsicht, sein Fahrzeug unbeschadet durch das Labyrinth zu manövrieren.

Willkommen in Daheische, einem großen Flüchtlingslager bei Bethlehem und seit gut fünfzig Jahren das Zuhause von Khalil Muhammad al-Laham. »Herein!«, ruft der zweiundneunzig Jahre alte Flüchtling, wenn es an der unversperrten Haustür klopft. Ihm ist einerlei, wer um Eintritt sucht: In der eiskalten Wohnung wird jeder warm und herzlich begrüßt. Es ist ein typisch arabisches Haus mit einem besonderen Zimmer, in dem man Fremde und Gäste empfängt, getrennt vom Familienwohnzimmer, dem Refugium der Frauen und Kinder. Im öffentlichen Bereich stehen teure Möbel mit dicken Polstern, gewundenen Holzbeinen à la Louis XIV und Goldauflage, hängen Ölbilder und Familienfotos, die gesehen werden sollen. Bei Lahams sucht man solchen Prunk jedoch vergebens: Die verblasste Sitzgarnitur hat ihre besten Tage lange hinter sich. Khalil und seine zweiundachtzig Jahre alte Frau Zainab sitzen dicht beieinander vor einem kleinen Elektroofen, der einzigen Wärmequelle im dreieinhalb Meter hohen Raum mit der Temperatur einer Tiefkühltruhe. Trotz Armut wird Etikette nicht vergessen. Schon huschen Khalils Urenkel mit einem Tablett voller kleiner Kaffeetassen herbei, eine Schwiegertochter legt eine Packung Butterkekse auf den kleinen, wackligen Holztisch. Man soll sich wohlfühlen so gut es eben geht.

Khalil hat sich für sein Interview in Schale geworfen: Die *Abaya*, ein brauner Überhang aus Kamelhaar – sein teuerstes Kleidungsstück –, wird von der traditionellen schwarz-weißen *Kafiya* ergänzt, die Deutsche »Palästinensertuch« nennen. Es ist die traditionelle Tracht der Scheichs, der Dorfältesten, die einst Palästina mit hoher Hand regierten: »Früher hörten zweihundert Dorfbewohner auf die Worte ihres Scheichs und folgten genau seinen Anweisungen«, erzählt Khalil, und schwelgt in Erinnerung an die Zeit, in der sein Clan noch Land besaß: »Uns gehörten hundertzwanzig Dunam fruchtbares Land in der Nähe von Ramleh und hundert Dunam im damaligen Beit Attab, das ist heute das israelische Dorf Nes Harim, in der Nähe Jerusalems.« Insgesamt vierundzwanzig Dörfer standen auf diesen Ländereien, verwaltet von Khalils Onkel, dem lokalen Scheich, dem alle hörig waren. Dessen Posten sollte Khalil eines Tages vielleicht erben und wurde dafür sogar vier Jahre lang zur Schule geschickt. Heute kann er deswegen lesen, fürs Schreiben reichte es nicht.

Doch das Schicksal bestimmte ihm kein leichtes Herrenleben. »Die Briten machten uns alles kaputt«, sagt Khalil und meint das britische Mandat, das Palästina von 1917 bis zu Israels Staatsgründung 1948 verwaltete. »Die Briten importierten Getreide zu einem Drittel des Preises unseres Saatguts! Das machten sie, um uns zu zwingen, unser Land an die Juden zu verkaufen.« Da er von der Landwirtschaft nicht leben konnte, wurde Khalil Polizist. Dennoch betont er sofort entschieden, er habe sein Land nie verschachert: »Wir haben nie auch nur einen Zentimeter unseres Landes an Juden verkauft! Und wir werden es auch nie verkaufen. Für einen Bauern ist Land das Allerwichtigste im Leben.« Im Gegenteil: Kurz vor Ausbruch des Krieges 1948, den Israelis ihren Unabhängigkeitskrieg und die Palästinenser ihre *Nakba*, Katastrophe, nennen, »investierte ich mein ganzes Geld in acht Dunam Land«.

Dann verloren die Lahams im Krieg schlagartig alles, was sie besaßen. Über Nacht flohen Khalil und Zainab mit ihrem Dorf Richtung Osten: »Ich konnte nur acht Säcke Mehl mitnehmen. Damit gehörte ich schon zu den Reichen.« Es hätte anders kommen können: »Wir verstanden uns mit unseren jüdischen Nachbarn aus Hulda wie Honig!«, sagt Khalil mit einer arabischen Redewendung, die Honig als Sinnbild alles Positiven nutzt. Das solle man nicht als Freundschaft deuten: »Man grüßte sich höflich, wenn man einander sah, nicht mehr. Aber es gab keine Probleme. Die Briten schufen den Zwist zwischen uns.« Wenn Khalil über seine Gedanken zu Deutschland spricht, kommt allerdings ein anderes Verhältnis mit den Juden zutage. Während des Zweiten Weltkriegs habe man die politische Lage so zusammengefasst: »Damals sagten die Juden zu uns: Wenn die Deutschen gewinnen, werdet ihr uns reiten wie Esel. Aber wenn die Alliierten gewinnen, werden wir das tun!« Dennoch erzählt Khalil, dass die jüdischen Nachbarn seinem Dorf drei Jahre später, 1948, zu Beginn des Krieges in Palästina/Israel »uns sogar ihren Schutz anboten, damit wir in unserem Dorf bleiben konnten. Aber die meisten hatten Angst und zogen es vor, ihr Haus zu verlassen.«

Die Lahams flüchteten nach Beit Jala, einem christlichen Vorort Bethlehems. Aus dem Polizisten wurde nun ein Vorarbeiter im Steinbruch: »Ich habe achtundzwanzig Jahre lang stundenlang jeden Tag Steine aus den Bergen rund um Al Quds (Jerusalem auf Arabisch) gebrochen und mich nie beschwert!«, sagt er stolz. Dabei schrieb er sogar ein wenig Kulturgeschichte: Mit sieben anderen Männern brach er in den sechziger Jahren in einem Steinbruch, dort, wo sich heute die Siedlung Gilo befindet, acht Säulen aus dem Berg. »Ihre Größe war gewaltig!«, erinnert sich Khalil. Sie wurden später in die Grabeskirche gebracht, um die Rotunde der Anastasis, einen der heiligsten Orte des Christentums, zu renovieren, und können dort noch heute bewundert werden.

Nicht nur Khalils Arbeit, auch seine Weltanschauung wurde von Religion beeinflusst. Früher ging er zu jedem Gebet in die Moschee, heute macht Khalil mühsam über einen Stock gebeugt den kurzen Weg nur noch mittags. Dass palästinensische Jugendliche gern auch mal ein Bier trinken, stört den alten Muslim ungemein: »Es hat sich viel geändert. Wir können unsere Jugend nicht mehr kontrollieren. Nicht nur, dass manche rauchen, viele trinken sogar Alkohol. Dabei ist der doch *Haram*, also vom Koran verboten!«, sagt er erregt. Zainab hingegen, die mit fast zahnlosem Mund gern und oft lacht, findet, dass die junge Generation es mit der Religion übertreibt: »Als ich noch eine junge Frau war, konnten wir selbst entscheiden, wann und wie wir uns verschleiern.« Frauen trugen damals ein einfaches Kopftuch: »Das konnte man sich vors Gesicht binden, wenn man nicht gesehen werden wollte. So einen *Niqab* (ein Gesichtsschleier, der das Antlitz ständig bedeckt und oft mit einem Tschador getragen wird), wie viele Mädchen ihn heutzutage tragen, gab es gar nicht.«

Für beide bestimmt der Islam ihre Haltung gegenüber ihren jüdischen Nachbarn: »Schon im Koran steht geschrieben, dass Juden schlechte Menschen sind, dass sie lügen und einem mit Messern in den Rücken fallen. Der Koran nennt Juden die härtesten Feinde der Muslime«, sagt Khalil. Obschon Khalils Sohn Parlamentsabgeordneter für die Fatah-Partei ist, hegt er warme Gefühle für die Islamisten der Hamas: »Hamas ist generell etwas Gutes, weil sie gegen Israel kämpfen. Das macht doch kein anderer arabischer Staat!« Dabei bedurfte es wahrscheinlich nicht der Religion, um sie Israel gegenüber feindlich zu stimmen. Nur wenige Jahre nach ihrer Flucht nach Beit Jala mussten sie ihr neues Heim verlassen, als das kleine Haus 1953 bei einem israelischen Vergeltungsangriff zerstört wurde. Jetzt blieb ihnen nur noch das Flüchtlingslager Daheische, für mehr reichte das Geld nicht. Auch hier stieß Khalil immer wieder mit den Israelis als Besatzungsmacht zusammen: »Einmal verhafteten sie mich, weil mein ältester Sohn 1967 dem bewaffneten Widerstand beigetreten war. Sie folterten mich, um herauszufinden, wo er sich versteckt, aber mich bricht man nicht so schnell«, sagt Khalil und versteckt die Erniedrigung und den Schmerz von damals hinter einem verschmitzten Lächeln.

Von seinen fünf Söhnen Adel, Muhammad, Adnan, Naim und Jamal und zwei Töchtern, die im Gegensatz zu ihm allesamt Akademiker geworden sind, erzählt er hingegen stolz und offen. Adel, der Widerstandskämpfer, verließ Palästina und lebt heute in Saudi-Arabien. Muhammad, der zweitälteste, ist als Parlamentsabgeordneter der Fatah der berühmteste Sprössling der Familie. Ja, die Jugend heute sei anders, aber verdorben nennt der Traditionalist Khalil sie nicht: »Heute hört niemand mehr auf die Alten. Trotzdem hat diese Freiheit auch gute Seiten«, sagt er und erklärt: »Die Menschen sind viel gebildeter, als wir es früher waren.« Das merke man vor allem bei der Partnerwahl: »Als Zainab und ich uns verlobten, war sie sieben Jahre alt und ich siebzehn. Ich musste danach acht Jahre warten, bevor die Hochzeit vollzogen wurde«, sagt Khalil, und es ist fast kitschig, wie Zainab ihn verliebt anlächelt.

Sie kennen sich nicht nur von Kindesbeinen an, sondern sind Cousins ersten Grades. Damals waren Ehen zwischen Verwandten in vielen palästinensischen Dörfern Usus, das gilt zum Teil auch heute noch: »Es gab in unserer Familie nicht viele Frauen, deswegen beschlossen wir, dass wir unsere Frauen mit niemandem außerhalb unserer Sippe verheiraten, damit wir unser Land nicht verlieren«, erläutert Khalil. Vor allem in der urbanen palästinensischen Gesellschaft hat sich das von Grund auf verändert: »Wie es die Menschen heute tun, ist glaube ich besser, schließlich heiratete ja auch der Prophet Muhammad Frauen außerhalb seiner Familie.«

»*Mabsutin* – wir sind zufrieden, *Alhamdulillah* – Gepriesen sei Gott!«, sind Phrasen, die Zainab und Khalil ständig wiederholen, und blicken manchmal auf den Orangenbaum im Innenhof, das einzige bisschen Grün im grauen Lageralltag. Es dauert lange, bis sie vom Leid ihrer Familie im von den Vereinten Nationen verwalteten Flüchtlingslager sprechen. Vier Töchter und zwei Jungen starben hier kurz nach ihrer Geburt: »Die medizinische Versorgung war sehr schlecht«, sagt dazu Khalil. Auch heute gebe es nur wenige soziale Leistungen: »Rente? Nur Gott und meine Söhne kümmern sich um mich.«

Kindertod, Vertreibung und Armut: »Mein ganzes Leben war schlecht«, fasst Khalil sein Leben zusammen, und wirkt dabei eigentlich nicht bitter, sondern sachlich. Hoffnung auf eine bessere

Zukunft hat er nicht: »Es wird nie Frieden geben, solange Europa und die USA Israel unterstützen. Wie kann es Frieden geben, wenn sie uns nicht heimkehren lassen und Jerusalem wieder zurückgeben?« Von allem Leid, das ihn befallen hat, sticht eines besonders hervor: »Der einzige gute und glückliche Tag meines Lebens wird der Tag sein, an dem ich auf mein Land zurückkehren kann, denn die größte Tragödie meines Lebens war, dass ich mein Land verlassen musste. Ich glaube, diese Einstellung gilt für alle Palästinenser.«

Leute machen Kleider

Selbst genähte Kleider sind in Palästina zur Seltenheit geworden. Triste islamische Ganzkörperüberhänge ersetzen die kunterbunte Traditionskleidung. Nachruf auf eine schwindende Kultur

Jihan Anastas erinnert sich noch genau an den Augenblick, in dem ihre Sucht begann: »Kurz bevor meine Großmutter starb, rief sie mich zu sich. Auf dem Sterbebett schenkte sie mir ihr Hochzeitskleid.« Das ist bei Palästinensern eigentlich völlig unüblich. Das *Malak* – also »königliche« Hochzeitsgewand – ist das Prachtstück in der Garderobe einer verheirateten Frau. Damit aus einem schönen Kleid ein *Malak* wird, wird es mindestens zwei Jahre mit goldenen Fäden in filigraner Handarbeit bestickt. Bei Christinnen schmücken Kreuze die Schultern, bei Muslimas ein Halbmond. Rund um den Hals glitzern goldene, stilisierte Pfaue. Am hinteren Teil zieren komplexe Muster den *Deil*, die Stickereien am Nacken nennt man *Kabeh*, an den Seiten *Banaik*. Das *Malak* begleitet eine Palästinenserin durch ihr gesamtes Erwachsenenleben: Sie legt es zur Hochzeit an, trägt es zu religiösen Feiertagen und strahlt damit bei Familienfesten. Nicht einmal der Tod scheidet eine Frau von ihrem *Malak*, dient es doch traditionell auch als Leichengewand. Aber Jihans Großmutter »fand es schade, das gute Stück in der Erde verkommen zu lassen, also schenkte sie es mir. Seitdem bin ich süchtig und sammle traditionelle palästinensische Kleider«, sagt Jihan. Der Kleiderschrank der energischen Innenarchitektin aus Bethlehem wurde so mit viel Geduld – und Geld – zu einem kleinen Privatmuseum palästinensischer Mode, einer Kunst und eines Brauchs, die langsam verschwinden.

»Palästinensische Kleider sind eine eigene Welt«, sagt Jihan. Als Ausdruck lokaler Kultur und Statussymbol bieten sie nicht bloß Information über die Frau, die sie trägt, sondern sind gleichzeitig Spiegelbild gesellschaftlicher Entwicklungen, die über die Geschichte einer ganzen Nation Auskunft geben können. »Die verschiedenen Kleider unterscheiden sich in Material und Farben«, beginnt Jihan einen ausführlichen Diskurs, an dessen Ende unzählige Zigarettenstummel den Weg in den Aschenbecher vor dieser energischen kleinen Frau gefunden haben werden. »Die Unterschiede zwischen dem Norden und dem Süden waren sehr groß, wobei die Küstenstädte eine ganz besondere Mode pflegten.« In Nordpalästina trugen Frauen den *Jalay*, eine Art Überwurf, der kaum mit Stickereien verziert war. »Der Norden war reicher als der Süden des Landes, hier pflegte man Handelskontakte ins arabische Umland. Also schindete man eher mit teuren Stoffen Eindruck als mit aufwendiger Handarbeit.« In Safed, Nazareth und den anderen Städten des Nordens sind die Kleider deswegen aus Seide oder Damast, die über Damaskus ins Land kamen. »Am reichsten waren die Küstenstädte. Sie verarbeiteten das teuerste Material, das übers Meer auch aus Europa importiert wurde«, sagt Jihan.

Nicht nur die Stoffe, auch die Farben für die Kleider wurden importiert. Ursprünglich wurden die Kleider mit lokalen Pflanzenextrakten gefärbt, doch die Umwälzungen des 19. Jahrhunderts veränderten das von Grund auf. Zuerst marschierte Napoleon 1799 ein und demonstrierte Europas militärische Überlegenheit. Dreißig Jahre danach eroberte der rebellische ägyptische Vizesultan Muhammad Ali das Land, was den Sultan des Osmanischen Reiches dazu zwang, zur Sicherung seines Throns auf die Hilfe der Großmächte zurückzugreifen. Doch das hatte einen Preis: Die Osmanen mussten ihr Land fortan für Touristen, Prediger und ausländische Importe öffnen. Palästinas rückschrittliche Industrie konnte mit den fortschrittlichen, billigen Massenprodukten aus Europa nicht konkurrieren: »Seit dem 19. Jahrhundert werden alle Farben für Kleider aus Frankreich importiert«, sagt Jihan. Palästinas Nationalfarben kommen seither aus Paris.

Dennoch blieben lokale Unterschiede lang erhalten: »Hier in Bethlehem, Jerusalem und Hebron war das Weinrote *Ambar* das Alltagskleid«, sagt Fadi Kattan. Der avantgardistische, kettenrauchende Aktivist, der eher in ein Café im Quartier Montmartre als in die engen Gassen Bethlehems zu passen scheint, wurde bereits vor Jahren von der Begeisterung seiner Mutter und Großmutter angesteckt und ist seither selber Experte für palästinensische Trachten: »Im Gegensatz zum dunkelroten *Ambar* Bethlehems trug man in Ramallah im Sommer weiße Kleidung, die mit farbigen Blüten bestickt wurde. Beduinen bevorzugen schwarze Kleider, die mit geometrischen Formen bestickt sind, wie ein Kreuz in einem Viereck, das wir das ›Paschazelt‹ nennen, oder stilisiertes Getreide«, sagt Fadi. Jerusalem hat seine eigene Besonderheit: Die rot-grünen Gewänder, die für die Heilige Stadt typisch waren, nannte man passend »Himmel und Hölle«.

Mit der Staatsgründung Israels 1948 wurden die Unterschiede zwischen den einmaligen lokalen Stilen verwischt. Hunderttausende Palästinenser flüchteten aus ihren Städten und Dörfern oder wurden vertrieben und lebten nun Seite an Seite in den Flüchtlingslagern der arabischen Staaten: »Dort entstanden Synthesen der alten Stile. Die Näherinnen benannten die neuen Stiche und Muster jetzt nach ihrem Schicksal, das zu deren Entstehung beigetragen hatte. Sie hießen jetzt ›Der Weg nach Syrien‹ oder ›Der Weg in den Libanon‹ – je nachdem, wohin man geflüchtet war«, sagt Jihan. Auch diese neuen Stile hielten sich nicht lang: »Bis vor fünfundzwanzig Jahren war die Textilindustrie der wichtigste Arbeitgeber Bethlehems«, sagt Fadi. »Die Stadt war ein Zentrum palästinensischer Mode«, fügt Jihan hinzu. »Weil Bethlehem seit jeher eine Pilgerstadt ist, bekamen die Näherinnen hier jedes Jahr die neueste Mode aus aller Welt zu Gesicht. Davon wollte die Elite profitieren. Reiche Damen aus Jerusalem kamen her, um sich ihre Kleider nähen zu lassen.«

Das gehört inzwischen der Vergangenheit an. Kaum jemand trägt noch traditionelle palästinensische Tracht: »Meine Großmutter trug sie noch jeden Tag, aber jetzt würde doch niemand mehr mein Kunde sein wollen, wenn ich so zur Arbeit käme! Die würden mich auslachen«, sagt Jihan, die zum Interview in schwarzer Jeans und einem engen Pulli gekommen ist, und eine Spur von Trauer huscht über das fröhliche, runde Gesicht, das von pechschwarzem Haar eingerahmt wird. Dass die alten Kleider aus der Mode gekommen sind, liegt zum einen am gewaltigen Arbeitsaufwand für ihre Herstellung: Ein *Malak* wird jahrelang bestickt und kostet im Handel weit über tausendachthundert Euro, »wenn man überhaupt jemanden findet, der eines verkauft«, sagt Jihan. Die meisten *Malaks* vermodern schließlich in Gräbern. Aber es gibt auch gesellschaftliche und politische Gründe für den Wandel.

Palästina ist von einem Mode-Islamismus ergriffen, der längst nicht nur in den Islamistenhochburgen Gaza oder Hebron sicht- und spürbar ist: »In den achtziger Jahren lief ich in Bethlehem noch ungestört im Minirock herum, aber diese

Zeiten sind vorbei«, sagt Jihan. Die bunten, frohen Farben von einst oder die rebellischen Miniröcke der siebziger und achtziger Jahre sind trüben Importen aus China oder der Türkei gewichen. Statt roten *Ambars*, farbenfrohen *Malaks* und roten Röcken verkaufen Palästinas Modegeschäfte schwarze, graue oder dunkelbraune, körperlange *Jilbabs* und *Abayas*: »Diese Kleider haben nichts mit unserer Geschichte zu tun. Sie stehen für die Moral der arabischen Golfstaaten«, sagt Jihan entrüstet. Diese Kleider wollten »die Körperlinien der Frau, alle weiblichen Attribute ihrer Figur, verstecken«, sagt Jihan. »Es fällt mir sehr schwer, das zuzugeben, aber mit diesen schwarzen, sozusagen islamischen Kleidern verlieren wir langsam unsere einmalige Identität. Es ist eine völlig neue Identität, die sich unter unserer Nase ausbreitet, ohne dass es jemandem auffällt.«

Unter den züchtigen, amorphen Ganzkörperhüllen lassen Palästinas Frauen ihrer Weiblichkeit freilich weiter freien Lauf: »Es ist schon eigenartig: Mädchen ziehen Kopftücher an und schminken sich dennoch in leuchtenden Farben. Unter der *Abaya* – eine Nebenerscheinung der Erstarkung islamistischer Widerstandsgruppen – tragen sie die hautengen Jeans und dünnen Blusen israelischer Modemarken. Absurd!«, sagt Fadi, und vertieft seine Ausführungen über die modische Schizophrenie Palästinas: »Jahrelang arbeitete ich mit einer jungen Akademikerin in Hebron zusammen. Sie trug Kopftuch, schwarze *Abaya* –

eine brave Muslima.« Eines Tages begegnete er in Bethlehem auf einer Hochzeitsfeier einer äußerst aparten Frau, die ihm bekannt vorkam: »Es war dieselbe Mitarbeiterin aus Hebron, nur diesmal im atemberaubend kurzen Minirock, mit rotem Lippenstift und gebirgshohen Absätzen«, sagt Fadi. »Man passt sich halt an«, sagt dazu Tariq Qayal, ein palästinensischer Journalist aus Hebron, und erklärt die Normen: »Bethlehem ist der Modespielplatz des konservativen Hebron.« Während man in der Hamas-Hochburg Hebron bei Hochzeiten streng auf die Geschlechtertrennung achte, seien die Feiern in der Geburtsstadt Jesu normalerweise gemischt. Nur zwanzig Kilometer von ihrem Haus entfernt darf Tariqs Tochter »sich von mir aus richtig austoben. Aber in Hebron muss man sich züchtig kleiden.«

Obschon palästinensische Kleider immer länger, dröger und trüber werden, gibt es noch Gelegenheit, modisch Farbe zu bekennen: Beim Kaffeetratsch mit gleichgesinnten Freundinnen oder bei besonders feierlichen Ereignissen nutzt Jihan die Gelegenheit, eine ihrer siebzehn palästinensischen Trachten anzulegen. Es ist für sie ein Weg, ihrer Umwelt zu zeigen, »wie stolz ich bin, eine Palästinenserin mit meiner eigenen Geschichte und Kultur zu sein«.

Heiliger Krach

*Lange vor Israelis und Palästinensern rangen
Religionen um die akustische Vormacht im Heiligen
Land. Muezzin, Kirchenglocken und Widderhörner
wollen tonangebend sein. Chronik einer heiligen
Kakofonie*

Die Details des Einsatzes hatte man tagelang minutiös geplant, jetzt hing es nur noch davon ab,
dass der sechzehn Jahre alte Abraham Elkayam
nicht im letzten Augenblick Mut und Atem ver-
lor. Sein Auftrag: Sich durch die Linien misstrau-
ischer britischer Soldaten zu schmuggeln und vor
der Klagemauer zu Jom Kippur, dem höchsten
religiösen Feiertag der Juden, nach altem Brauch
ins Widderhorn, auf Hebräisch *Schofar*, zu blasen.
»Die Briten hatten es verboten, weil die Araber
unsere Gebete verhindern wollten«, sagt der inzwischen achtzig Jahre alte Elkayam. Noch immer leuchten seine Augen frech, wenn er von je-
nem Moment im September 1947 spricht, als er
einer Supermacht die Stirn bot. Keck erzählt er
davon, wie Mittäterin Ahuva Vitelson ein klei-
nes *Schofar* mit Gummibändern unter ihrem Rock
am Schenkel befestigte, um es durch die Polizei-
kontrollen zu schmuggeln. Bald, so wussten sie,
würden sie im Mittelpunkt eines neuen Aufruhrs
stehen.

Die jüdischen Gebete zu Füßen des Tempelbergs und der Al-Aqsa Moschee, Juden und Muslimen gleichermaßen heilig, waren seit 1928 zum Brennpunkt des brodelnden Konflikts zwischen Palästinensern und Zionisten geworden. Vorher hatten Juden nach der Zahlung eines Bakschisch das *Schofar* blasen dürfen, aber in der aufgeheizten Stimmung im Palästina der dreißiger Jahre begannen die Araber, jedes Anzeichen jüdischer Präsenz in Jerusalem zu bekämpfen. Anfangs trieben Hirten ihre Esel durch die betende Menge. Später eskalierte der Kampf, als beide Seiten versuchten, den Gegner zu übertönen. Zuerst installierte der Waqf, die muslimische Verwaltung der Moscheen auf dem Tempelberg, einen Muezzin über der Klagemauer. Danach ließ er vor Ort regelmäßig einen *Dhikr* abhalten – ein muslimisches Ritual, in dessen Rahmen mit Untermalung von Flöten und Trommeln stundenlang die neunundneunzig Namen Allahs und Koransuren zitiert werden. Laute Gebete der Juden und Muslime heizten die Stimmung so lange an, bis 1929 aus dem Schreiwettbewerb ein handfester Pogrom wurde, bei dem Hunderte starben.

In guter britischer Kolonialtradition setzte die englische Mandatsmacht eine Untersuchungskommission ein, um die Regeln fürs Beten festzulegen: Die Juden erhoben gegen das *Dhikr* »wegen des begleitenden widerlichen Kraches Einspruch«, so schrieb die Kommission im Dezember 1930 und empfahl: »Muslimen sollte es verboten werden, die *Dhikr*-Zeremonie während der jüdischen Gebete auszuführen oder die Juden auf irgendeine andere Weise zu verärgern.« Juden hingegen »sollte es nicht gestattet sein, das *Schofar* neben der Klagemauer zu blasen oder jede andere vermeidbare Störung der Muslime vorzunehmen«, so die Kommission. Eine Kämpfernatur wie Elkayam forderte so etwas nur heraus: »Der Ton des *Schofars* symbolisiert die Erlösung des Volkes Israel«, sagt der Rentner heute und betont, dass »ich mir in meinem Land doch nicht den Mund verbieten lasse«.

Als die Zeit gekommen war, ins Horn zu blasen, reichte man es in der Menge unter den Gebetsschals bis zu Elkayam durch. Dann blies er hinein, das markerschütternde Gejaule ertönte, und die Hölle brach los: »Die Briten trieben die Betenden mit Schlagstöcken auseinander, Blut spritzte auf meinen Gebetsschal.« Elkayam wurde verhaftet und abgeführt. Dem jungen Hitzkopf machte das nichts: Er hatte im Kampf um die akustische Dominanz gepunktet und Geschichte geschrieben. Elkayam war der letzte Jude, der vor der Eroberung Ostjerusalems durch die Jordanier 1948 an der Klagemauer ins *Schofar* blasen konnte. Bis zum Sechstagekrieg 1967, als Israel die Altstadt Jerusalems eroberte, verhinderten die Jordanier den alten Brauch vor dem jüdischen Heiligtum.

Auch heute noch schlagen sich die Bewohner des Heiligen Landes muslimische Gebete, christliches Gebimmel und das Geheule von Sabbatsirenen um die Ohren. Man will auch akkustisch Präsenz zeigen. Reverend David Pileggi von der Christ Church neben dem Jaffa-Tor in Jerusalem kann davon ein Lied singen: »Alle Christen hier in der Altstadt beschweren sich über den Krach der Moscheen. Er ist unerträglich geworden«, sagt der Geistliche mit dem gemütlichen Bauch und weist den Weg zu einer schmalen, steinernen Wendeltreppe zum Kirchendach. Von hier aus blickt man auf die Moschee nebenan, wo vier neue Lautsprecher silbrig in der gleißenden Sonne funkeln. Fünf Mal täglich plärrt hier der *Adhan*, der Gebetsruf der Muslime, mit solcher Wucht aus der Anlage, dass »man sich selbst kaum denken hört«, so Pileggi. »Die Gebete werden lauter, die Lautsprecher zahlreicher«, meint er und sieht darin »vielleicht ein Indiz für die Unsicherheit der Muslime im Kampf um ihr Land.« Nicht nur in Jerusalems Altstadt rüsten die Minarette neuerdings akustisch auf und beschallen mit mächtigen Lautsprechern ihre Umgebung. Glaubt man der Knessetabgeordneten Anastasia Michaeli, dann bedarf der Lärm aus Israels rund vierhundert Moscheen gesetzlicher Regelung. Sie will die Anwendung von »Lautsprechern auf Gotteshäusern« verbieten. Dabei will das fotogene Mitglied der nationalistischen »Israel Beitenu« die Initiative »als eine Frage des Umweltschutzes und der Lebensqualität« verstanden wissen, nicht als Versuch, Muezzins mundtot zu machen. Doch das Lautsprecherverbot für Gotteshäuser, das hauptsächlich Moscheen beträfe, war Israels Hardline-Premier Benjamin Netanjahu zu heikel. Er legte es auf Eis.

Deswegen wird Reverend Pileggi in den Sommermonaten wohl weiterhin bereits um fünf Uhr dreißig vom ersten *Adhan* aus dem Bett gedröhnt werden: »Gebet ist besser als Schlaf!«, hallt es dann von den weißen Kalksteinmauern der Altstadt. »Vielleicht ist es auch ein Zeichen für das Erstarken der Muslimbrüder«, mutmaßt der gemütliche Reverend mit den Krauselhaaren. Er muss es wissen, schließlich läutete ausgerechnet die Glocke auf seinem Kirchengelände den Anfang des europäischen Kolonialismus in Nahost und den Niedergang des Osmanischen Reiches ein.

Im Pakt von Umar, der auf das Jahr 717 datiert und dem Kalif Umar II. zugeschrieben wird, verpflichteten sich die christlichen Untertanen der muslimischen Eroberer, »unsere Religion nicht offen zur Schau zu stellen oder Menschen zu ihr zu bekehren«. Ferner versprachen sie, »die Klöppel in unseren Kirchen nur sehr leise zu benutzen. Wir werden unsere Stimmen nicht heben, wenn wir unsere Liebsten zu Grabe tragen. Unsere Häuser werden diejenigen der Muslime nicht überragen.« Auch wenn der Vertrag wahrscheinlich rückdatiert und nicht von Umar II. verfasst wurde, legte er dennoch für Jahrhunderte die akustische Unterlegenheit von Christen und Juden fest. Spätestens als die Macht von den genussfreudigen Kalifen der Umayyaden auf die frömmelnden Abbasiden überging, mussten die Glocken verstummen, meint der Historiker Jürgen Krüger. Bis zur Mitte des 19. Jahrhunderts herrschte rund um die Kirchen des Osmanischen Reiches Stille: »Bisher waren die Ost-Christen im Süden Palästinas gezwungen, die Kapitulationsbedingungen ihrer muslimischen Eroberer unter Umar zu befolgen – keine neuen Kirchen zu bauen und keine Glocken zu läuten«, hielt James Finn, von 1846 bis 1863 der erste britische Konsul in Jerusalem, in seinen Memoiren fest.

Deswegen vermutete Finn 1854, dass »der Klang von Glocken den Einwohnern Jerusalems unbekannt war«. Historisch gesehen war das falsch: Die Kreuzfahrer hatten bereits einmal Glocken in der Heiligen Stadt installiert. Im Museum »Studium Biblicum Franciscanum« in der Jerusalemer Alstadt wacht Direktor Pater Alliata über dreizehn Kreuzfahrerglocken, die zumeist im Libanon gegossen wurden. Ein Exemplar stammt sogar aus China und fand seinen Weg über Nestorianische Kirchen in Persien ins Heilige Land. Der Chroniker Wilhelm von Tyrus berichtet vom Bau eines Glockenturms neben der Grabeskirche, die im Jahr 1022 stark beschädigt worden war. »Im Jahr 1182 empörte sich der Erzbischof über die Kirchen der Johanniter nebenan, die die Grabeskirche überragten und mit ihren Glocken übertönten«, so Krüger.

Im Jahr 1187 ließ der Eroberer Saladin die Glocken demontieren, der Turm verstummte erneut. Bis der Krimkrieg (1853–1856) dem Pakt von Umar das Aus bescherte. Großbritannien und Frankreich verlangten von Sultan Abdülmecid I. einen Preis für ihren Beistand. Die »Kapitulationen«, mit denen sich der russische Zar bereits seit dem 18. Jahrhundert im Osmanischen Reich einmischte, gestanden nun auch ihnen wachsenden Einfluss zu. Fortan ließ der schwächelnde »Prinz der Gläubigen« die Ungläubigen in seinem Reich wieder bimmeln. Finn hängte diesen Machtzuwachs der Briten buchstäblich an eine große Glocke, die fortan »über dem Eingang zu unserem Gelände« vor der Christ Church in Jerusalems Altstadt schellte. Finn freute sich, dass Christen nun »wenigstens eine gute Glocke über den Bergen Judäas zum Läuten bringen« konnten. Wenig später spross das nächste christliche Machtsymbol in die Höhe: »Im Laufe dieses Jahres konnten wir einen Glockenturm bauen, und von da an wurde die Glocke – keine große, aber mit einem guten, vollen Klang – jederzeit für den Gottesdienst geläutet«, schrieb Finn.

Die anderen Großmächte Europas wollten nun auch in Jerusalems Himmel die erste Geige spielen. Bald wetteiferten sie in guter imperialistischer Manier um den Ruhm des höchsten Kirchturms und des größten Klöppels. Kein Hindernis war zu gewaltig, keine Kosten zu groß, um die Macht des eigenen Reiches im himmlischen Jerusalem aller Welt vor Ohren zu führen.

Deutschland gewann das Rennen, als 1911 die sechstausendeinhundertzwanzig Kilogramm schwere »Herrenmeisterglocke« auf dem Ölberg ertönte. Dort überblickt sie seither vom fünfundvierzig Meter hohen Turm der deutschen Himmelfahrtskirche die Heilige Stadt. Baurath Hoffmann begleitete das Rieseninstrument auf dem Weg von der Gießerei Franz Schilling in Apolda und dokumentierte die Reise minutiös: In Jaffa per Schiff angekommen und nur zweiundachtzig Kilometer von Jerusalem entfernt »fing der Jammer an!«. Auf dem Weg zum Bahnhof versank das sechsköpfige Gespann »wie in einem Moor in dem Jahrtausend alten Schmutz und dem bodenlosen Sand der Dünen. Der Wagen zerbrach und unter unsäglichen Mühen musste die Glocke auf Schlitten und Rollen nach dem Quai zurückgeschleppt werden.« Erst nachdem Jaffas Straßen auf Kosten des deutschen Steuerzahlers wieder instand gebracht worden waren, kam der Herrenmeister nach Jerusalem. »Und was hat die Geschichte gekostet!«, schmachtete Hoffmann. »Der enorme Weg von Apolda bis Hamburg per Bahn, von Hamburg durch Nordsee und Atlantic zum Mittelmeer, durch dieses seiner ganzen Länge nach bis Jaffa zu Schiff hat inklusive aller Spesen 615,92 Mark gekostet und die kaum zwölf Meilen lange Strecke von Jaffa Hafen bis Baustelle Ölberg 1476,40 Mark.«

Trotz deutschen Einflusses bei der Hohen Pforte bedarf es selbst im 20. Jahrhundert noch manchmal einer List, um Glocken in Jerusalem zu installieren. Die Glocken der Dormitio lagen monatelang unausgepackt auf dem Zionsberg, da die Osmanen »auf das Betreiben der Derwische des nahegelegenen Zönaculums das Aufhängen und Läuten dieser Glocken« verwehrten, zitiert der Glockensachverständige Norbert Jachtmann die »Glockenkunde« Karl Walthers aus dem Jahr 1913. Die Muslime befürchteten, dass König David »sich aus dem Grabe erheben und Verderben über Land und Leute bringen« würde, »wenn die Christen nebenan ihre Glocken läuteten«. »Es bedurfte eines Schwabenstreichs, um die Glocken letztlich wider den Willen des Paschas zu hissen«, sagt Jachtmann: Pilger hievten die Glocken empor, »während die Damen einen Schutzkreis um die im Schweiße ihres Angesichts Arbeitenden zogen, so daß die türkischen Behörden, selbst die Kawassen, bei ihrer großen Hochachtung vor dem weiblichen Geschlecht diese Postenkette nicht zu durchbrechen wagten«.

Firas Qazaz sind solche Streiche fremd. Der Sprössling einer altehrwürdigen Jerusalemer Patrizierfamilie schreitet täglich zwei Mal von seiner Zwei-Zimmer-Klitsche durch die Gassen der Altstadt zum Haram al-Scharif, dem drittheiligsten Ort des Islams. Dort erklimmt er ein Minarett und schwebt mit seiner Stimme durch orientalische Tonleitern, um Muslime zum Gebet zu rufen. Vor acht Jahren wurde Firas zum jüngsten der vier Muezzins der Al-Aqsa-Moschee erkoren.

Die Wahl war leicht, schließlich sei seine Familie »für ihre gute Stimme bekannt und bekleidet diesen Posten seit mehr als fünfhundert Jahren«, sagt der schüchterne vierundzwanzig Jahre alte Mann mit unverkennbarem Stolz.

»Der *Adhan*, der Aufruf zum Gebet, ist einer der ältesten Bräuche des Islams«, sagt Dr. Najeh Bkerat, Vorsitzender der Manuskriptabteilung des Waqf der Al-Aqsa, der sein Doktorat über Muezzins schrieb. Laut alten Überlieferungen stellte die wachsende Gemeinde in Medina den Propheten Muhammad vor das Problem, wie er seine Anhänger zum Gebet rufen sollte. Muhammad beriet sich mit seinem Gefolge. Anfangs wurde erwogen, wie die Juden das *Schofar* zu blasen, oder wie die Christen Glocken zu läuten. Andere wollten die Sitte der Zoroaster-Anhänger übernehmen und ein Feuer anzünden. Schließlich überzeugte der Traum Abdallah ibn Saids. Abdallah hatte den genauen Wortlaut des heutigen *Adhan* gehört und trug ihn vor. Doch da er eine fürchterliche Stimme hatte, schlug Muhammad vor, den Text dem Schwarzen Bilal beizubringen, der damit zum ersten Muezzin der Geschichte wurde: »Alle waren von Bilals Stimme verzückt«, zitiert Bkerat islamische Quellen.

Auf die Erfindung des Muezzins folgte die Entwicklung des Minaretts. »Zuerst rief Bilal von einem hohen Stein, dann von einem Baum, später von der Kaaba in Mekka«, sagt Bkerat. In Indien, Anatolien und im Iran hatten die Moscheen bis zum 14. oder 15. Jahrhundert keine Minarette. Zu einem organischen, integrierten Bestandteil der Moscheen wurde das Minarett erst unter den Mameluken im Mittelalter. Historiker lokalisieren das erste Minarett in Damaskus, wo der Turm eines römischen Tempels umfunktioniert wurde. Doch für Palästinenser ist klar: »Das erste Minarett der Welt wurde in Jerusalem gebaut«, so der tiefgläubige Bkerat. Nach dem Tod Muhammads soll Bilal nämlich vor lauter Trauer aufgehört haben, den *Adhan* vorzutragen. Erst mit der Eroberung Jerusalems dreizehn Jahre später ließ er seine Stimme wieder vom Felsen auf dem Haram al-Scharif erklingen: »Die Freunde Muhammads waren zu Tränen gerührt«, sagt Bkerat und ist dabei selber sichtlich bewegt. Danach sollen noch der Umayyaden-Kalif al Walid bin Abdel Malik, Sohn des Erbauers des Felsendoms, das erste Minarett der Welt gebaut haben: »Lange bevor eines in Mekka oder Medina stand!«, sagt Bkerat.

Diese Überlieferungen hallen in Firas nasaler Stimme wieder, wenn er den *Adhan* anstimmt. Andächtig schließt er seine Augen und intoniert das Glaubensbekenntnis des Islams, wiegt sich ekstatisch vor und zurück. Seine Nasenflügel beben jedes Mal, wenn er das »M« in die Länge zieht. Wie alle seine Vorfahren hat Firas seinen Beruf vom Vater erlernt, eine professionelle Gesangsausbildung wie im Westen kennt man in Arabien nicht. Lehrgänge für Muezzins gibt es nur wenige. Firas träumt davon, eines Tages an der Al-Azhar Universität in Kairo einen Lehrgang belegen zu können. Dabei ist das »arabische Musiksystem in seiner Skalenbildung doch viel komplexer als das europäische«, sagt der Kirchenmusiker Klaus Schulten. »Neben den Halbtönen gibt es also Vierteltöne, Oktaven haben nicht die uns bekannten zwölf Halbtöne, sondern bis zu vierundzwanzig Stufen«, sagt Schulten und erläutert kurz die arabische Musik: Viertongruppen (*Maqamat*) bilden eine Tonleiterbasis. Die kann, wie etwa der arabische Modus Nihawand, an eine d-Moll-Tonleiter erinnern oder dem westlichen Ohr völlig fremd sein, wie etwa der *Hidschas*.

»Die Melodien des *Adhan* sind von Land zu Land verschieden«, sagt Bkerat, der am liebsten dem neunzig Jahre alten Muezzin in Medina lauscht: »Er stammt aus Buchara und klingt so wunderbar orientalisch«, schwärmt der bärtige Gelehrte. Außerdem »ist das Gebet in Medina für mich etwas Besonderes, weil ich weiß, dass hier der Prophet gelebt hat. Man fühlt die Präsenz Allahs.« Trotz musikalischer Variationen habe sich der Wortlaut des *Adhan* jedoch »nie verändert und ist auf der ganzen Welt bei allen Muslimen identisch«. Das ist allerdings Wunschdenken. Denn Glockenklang, *Schofar*-Ton und *Adhan* zeichnen nicht nur Trennlinien zwischen Religionen, sondern sind auch Ausdruck innerer Machtkämpfe. So fügen Schiiten ihrem *Adhan* zwei Sätze hinzu: Vor allem ihre Bekundung, dass »Ali der Stellvertreter Allahs« sei, bringt Sunniten zur Weißglut.

Auch das große Schisma in Ost- und West-
kirche ist hörbar. Die orthodoxe Ostkirche, die
lange unter islamischer Herrschaft existierte,
passte sich ihrem untergeordneten Status musi-
kalisch an. Statt mit Glocken ruft sie bis heute ihre
Anhänger mit dem leiseren *Semantron* zum Gebet, einem langen Stab aus Holz oder Eisen, der
mithilfe eines Hammers einen Gongton erzeugt.
Das simple Instrument begann seinen Siegeszug
noch im 6. Jahrhundert, als es die in Ägypten und
Palästina üblichen Trompeten ersetzte. Die erinnerten die frühen Christen vielleicht zu sehr an
den jüdischen Brauch, den Sabbat mit Trompe-
tenstößen vom Tempelberg anzukündigen. Noch
heute finden sich im armenischen Viertel Jerusalems oder in der griechisch-orthodoxen Sektion
der Grabeskirche solche Holzbalken oder Eisen-
stangen, lange Zeit symbolische Manifestationen
der Zweiteilung der Christenheit: Im römisch-katholischen Westen bimmelte man mit Glocken,
während der orthodoxe Osten bis zum vierten
Kreuzzug im 13. Jahrhundert fast ausschließlich
auf *Semantra* einschlug.

Noch im 18. Jahrhundert hatten die griechisch-
orthodoxen Mönche der Grabeskirche wenig für
den mittelalterlichen Glockenturm der katholischen Kreuzfahrer übrig. Nach einem Erdbeben
1719 ließen sie die oberen Stockwerke abtragen
und verkauften die behauenen Steine an Frankreich, das damit die Rotunde der Grabeskirche
renovierte. Dies, so meint Krüger, war allen Be-

teiligten recht: Die Franzosen kamen an billiges, leicht zu beschaffendes Baumaterial; die Griechen entledigten sich eines Überbleibsels der verhassten Kreuzfahrer; und die Osmanen freuten sich, weil die Minarette neben der Kirche noch dominanter wurden. Heute hat der Stumpf des Grabeskirchenglockenturms angeblich wieder an die zwanzig Glocken, die im 19. Jahrhundert von Russland und Venedig gespendet wurden. Doch noch immer klingen sie anders als katholische Glocken: Sie werden nämlich geschlagen und nicht geläutet.

Auch der Kulturkampf zwischen Protestanten und Katholiken könnte in Jerusalem einen Ausdruck gefunden haben: Die Herrenmeisterglocke ist heute zwar defekt und stumm, andere deutsche Glocken dominieren jedoch weiterhin Jerusalems Geläut. Dabei »harmoniert die Dormitio aber nicht mit den anderen beiden deutschen Kirchen«, sagt der Kirchenmusikdirektor der Musikhochschule Düsseldorf, Oskar Gottlieb Blarr. Während die Töne der protestantischen Himmelfahrtskirche (»G«, »H«, »D« und »D«) mit dem d-Moll der Erlöserkirche zusammenstimmen, erzeugt das »Es« und »Fis« der katholischen Dormitio eine vorhersehbare chromatische Dissonanz.

Auch zwischen Israels Juden sind schrille Töne keine Seltenheit. Dass ultraorthodoxe Breslaver Chassidim mit dröhnenden Bässen durch säkulare Stadtteile fahren und bei jeder roten Ampel wild hüpfend auf den Kreuzungen tanzen, um für ihre Version des Judentums zu werben, gilt dabei noch als geringe akustische Aufdringlichkeit. In gleich mehreren israelischen Städten ringen ultraorthodoxe gegen säkulare Stadtbewohner, die keine Sabbatsirenen mehr hören wollen. Dabei geht der Brauch, den heiligen Wochentag mit Trompeten oder dem *Schofar* zu empfangen, Jahrtausende zurück. Schon zu Zeiten des Tempels vor zweitausend Jahren wurde der Sabbat mit solchen Fanfaren angekündigt. In der Diaspora wurde der Brauch von Freiwilligen aufrechterhalten. Ihre Kadenzen warnten die Gläubigen vor dem Eintritt des Sabbats und erinnerten Hausfrauen, die Kerzen rechtzeitig anzuzünden.

Umso größer war die Enttäuschung eines gewissen Schmuel Stern, als der ehemalige Militärmusiker in der Armee des Zaren zu Beginn des 20. Jahrhunderts in Jaffa an Land ging und feststellen musste, dass in Tel Aviv niemand den Sabbat ankündigte. Stern ergriff Eigeninitiative und wurde angeblich zum ersten Stadttrompeter Tel Avivs. In den zwanziger Jahren hatte sich dieser Brauch etabliert. Längst genügte eine Trompete nicht, in vielen Stadtteilen tutete man nun freiwillig oder für ein symbolisches Gehalt. Ende der dreißiger Jahre ereilte die Moderne den Sabbat. Ab September 1938 ersetzten in Tel Aviv Luftschutzsirenen die Trompeten. Bis in die fünfziger Jahre war dies der Brauch, doch die Schrecken des Zweiten Weltkriegs und des Unabhängigkeitskriegs 1948 hinterließen Spuren: Menschen erschraken, wenn die Sirenen aufheulten. Die Stadtverwaltung stellte deswegen sieben Taxifahrer ein, die hupend den Sabbat ankündigten. Peinlichst achteten sie darauf, dass sie »neue Wagen« fuhren, um »einen guten Eindruck« zu hinterlassen.

Im Keller von Mosche Bendett in Tel Aviv steht noch immer das Holzschild vom Dach des Taxis, mit dem er freitags durch die Straßen fuhr. Zwanzig Jahre lang überprüfte der heute vierundachtzig Jahre alte Mann in seinem Kalender, wann der Sabbat anfängt, schob die mit Ziffern beschriebenen Holztäfelchen ein, um die entsprechende Uhrzeit anzugeben, montierte die Tafel auf seinem Coronado-Straßenkreuzer und fuhr los: »Es war richtig schön«, erinnert sich der in Warschau geborene dekorierte Kriegsheld. Kinder liefen hinter dem Wagen her, manche fuhren auf der Rückbank mit. »Überall wo ich vorbeifuhr, rannten die Hausmütter auf die Terrassen, um sich zu erkundigen, wann sie ihre Sabbatkerzen anzünden müssten.« Eine schwere Kriegsverletzung im Sinai setzte seiner Karriere ein Ende. Andere übernahmen Bendetts Job, doch der alte Brauch ist zunehmend umstritten. In Jitzchak Rabins Regierung erließ Umweltministerin Ora Namir 1992 eine Richtlinie, die Hupen nur bei Lebensgefahr zulässt. Es war der Beginn eines Kampfes zwischen denjenigen, die den heiligen Krach befürworten, und denjenigen, die am Wochenende einfach nur ihre Ruhe wollen. In vielen Städten gehen Stadtverwaltungen heute mit rechtlichen Mitteln gegen Synagogen, Tora-Schulen und Privatleute vor, die den Sabbat mit Sirenen begrüßen wollen.

Spätestens ab 2006 wurden Sirenen und Hupen vielerorts mit chassidischer Musik ersetzt. »Streifenwagen« religiöser Organisationen beschallen freitagnachmittags ganze Stadtteile mit dem Sabbatlied von Shlomo Alkabez. Aus Angst vor städtischen Beamten organisieren die Fahrer ihre Sabbateinsätze im Untergrund. Das soll »die Menschen beruhigen und den Sabbat mit Freude einführen«, sagte Rabbiner Jakob Halperin, Millionär und Eigentümer einer Brillenladenkette, der mehr als zweihundertfünfzig Lautsprecher spendete, aus denen im ganzen Land fromme Musik schallt.

So umstritten der Krach aus Moscheen, Kirchen und Synagogen sein mag – er erzeugt die einmalige Kakofonie des Heiligen Landes und sorgt auch für legalen Lärm. Bkerat beklagt sich über fromme Juden, die absichtlich die Gebete der Muslime stören, Siedler verklagen Muezzins, die ihre Lautsprecher laut aufdrehen, um sie aus ihrem Land zu vertreiben. Säkulare Juden prozessieren gegen Synagogen, die ihren Ruhetag mit lauten Psalmen vergällen, und Christen ringen darum, wer wann welche Glocke läuten darf. Den leise sprechenden Firas Qazaz lässt das kalt: »Ich hatte weder mit Juden noch mit Christen je ein Problem.« Er stimmt zu, dass »manche Muezzins wirklich fürchterlich daneben singen« und hätte nichts dagegen, ihre Lautstärke zu regeln. Der musikalische Muslim hört das ursprüngliche Geseufze des *Schofars* und den hellen Klang der Glocken gern. Und wenn sein *Adhan* von den Bergen Judäas widerhallt, sich mit dem Geläut vom Ölberg und dem Gesumme betender Juden vor der Klagemauer vermischt, halten selbst Ungläubige manchmal kurz inne und lauschen dem einzigartigen Vielklang Jerusalems.

Wie Jesus sprechen

In Galiläa erfährt die Alltagssprache Jesu eine Renaissance. Israels Maroniten hauchen dem Aramäischen neues Leben ein

»Es war, als hätte er mir ein Messer mitten ins Herz gestoßen«, erinnert Schadi Khalloul sich an den Augenblick vor sechs Jahren, der zur Wiedergeburt einer alten Sprache führen würde. Damals saß der junge israelische Araber in einem College in Las Vegas im Unterricht, während ein Dozent die Rolle der Bibel für die englische Literatur besprach: »Der Messias sprach Aramäisch«, erläuterte der Professor, bevor er Schadi unwissentlich beleidigte und behauptete: »Das ist eine Sprache, die nicht mehr existiert.« Schadi protestierte sofort und stand auf: »Was soll das heißen – wir existieren nicht mehr? Natürlich gibt es die Aramäer noch!« Zum Beweis sagte er das Vaterunser auf Aramäisch auf: »Die Studenten und der Dozent begannen zu weinen. Da erkannte ich, dass unsere Kultur wiederbelebt werden muss«, sagt der Fünfunddreißigjährige.

Mit »uns« meint Schadi die Kultur der Aramäer, eines der ältesten Völker des Nahen Ostens. Mehr als tausend Jahre lang, bis ins 7. Jahrhundert, war Aramäisch die grenzüberschreitende Verkehrssprache der gesamten Region. Der Aramäerkönig Abgar VIII. soll bereits im zweiten Jahrhundert der erste christliche König gewesen sein. Im fünften Jahrhundert bekehrte der Heilige Marun (351–410) große Teile Südsyriens zum Jesusglauben. Nach seinem Tod gab er der maronitischen Kirche ihren Namen. Doch der Eroberungsfeldzug der Araber im siebten Jahrhundert verdrängte nicht nur das Christentum der Aramäer, sondern auch ihre Kultur.

»Unsere Identität warf schon immer Probleme auf«, sagt Nadim Issa, ein Maronit aus dem Dorf Jish in Galiläa. »Wir sind für die Juden Araber und werden deswegen oft als potenzielle Feinde betrachtet. Für die Araber sind wir Christen, und deswegen ebenfalls suspekt.« Schadi und Nadim wollten dieses Dilemma beenden: »Als die Studenten in der Klasse weinten, fragte ich mich: Wie kommt es, dass man in den USA so über meine Kultur erfreut ist, wir sie selber aber verstecken?«, erinnert sich Schadi. Die Angst vor dem Anderssein hat historische Ursachen. Anfangs verliehen die Kreuzzüge der letzten Bastion der christlichen Maroniten im Libanon neue Kraft. Von hier aus pflegten sie enge Bindungen zu Europa: 1182 unierten sie sich mit der römisch-katholischen Kirche, behielten dabei jedoch ihren Ritus und die aramäische Sprache bei. Mit dem französischen Mandat und der Gründung des Libanon in den zwanziger Jahren des 20. Jahrhunderts erreichte ihr Einfluss einen Höhepunkt. Doch die großzügige Grenzziehung, mit der die Franzosen das Land der Zedern stärken wollten, war für die Maroniten verheerend. Sie wurden im eigenen Land zur Minderheit. Bedrohung durch Muslime und der lange Bürgerkrieg führten zu einem Massenexodus. Heute leben Millionen Aramäer in Südamerika.

Dort in der Diaspora begann vor sechs Jahren Schadis Odyssee. Zuerst ging er auf Vortragsreisen, um der Welt und seinen Landsleuten die Geschichte seines Volkes zu erzählen. Dann wurde er zum Vorsitzenden des Aramäervereins und nahm ein neues Projekt in Angriff: »Ich will, dass unsere Kinder wieder Aramäisch sprechen.« Diesen Traum hat sich der ehemalige Fallschirmjäger in der israelischen Armee von einem zionistischen Gründungsmythos abgeschaut: »Vor hundert Jahren sprach niemand Hebräisch, aber die Juden haben es geschafft, dass heute wieder Bücher und Theaterstücke in dieser Sprache geschrieben werden. Das können wir auch!« In Israel leben heute rund siebentausend Maroniten. Ihre Kultur schien vom Aussterben bedroht: Seit dem 18. Jahrhundert sprechen selbst im Libanon die Maroniten Arabisch, auch der berühmteste maronitische Schriftsteller Khalil Gibran verfasste seine Werke auf Arabisch. Nur noch die Alten beherrschen heute die Sprache, in der Jesus predigte, Kinder zitieren bestenfalls das Vaterunser.

Zwischen den sanft rollenden Hügeln Galiläas, etwa vierzig Autominuten vom See Genezareth entfernt, zwischen Olivenhainen, Rebstöcken und Zitrusbäumen, arbeiten Schadi und seine Freunde jetzt an der Renaissance der Kultur, die Jesus maßgeblich prägte. Bald soll hier im Dorf ein zweihundertvierzig Quadratmeter großes Aramäermuseum eröffnet werden. Bis dahin empfängt Nadim unter dem blinkenden Weihnachtsbaum in seinem Wohnzimmer Gruppen, denen er bei einem feudalen Essen die Geschichte seines Volkes näherbringt. Ein Höhepunkt des Aufenthalts in Jish ist der Kinderchor der Grundschule, der aramäische Lieder und Gebete singt. Wie einst Hebräisch sollen auch in Jish Eltern die Sprache von den Kindern lernen. Vorerst beschränkt sich ihr Wortschatz jedoch auf Sätze wie: »Das ist mein Bruder« oder »Das ist ein Stift«. Schadi ist trotzdem begeistert: »Israel ist der einzige Ort auf der Welt, an dem die Sprache Jesu wieder auf dem Lehrplan steht und wo die Sprache im originalen Alphabet gelehrt wird.« Nach langem Ringen erhielt Schadi die Unterstützung des israelischen Erziehungsministeriums. Heute lernen mehr als zweihundert Kinder im Dorf Jish eine Stunde pro Woche Aramäisch. Die maronitischen Kinder nehmen ausnahmslos am Unterricht teil, obwohl er nicht verpflichtend ist. In wenigen Jahren, so träumt Schadi, wird Aramäisch Stoff für Abiturprüfungen sein. Die zehn Jahre alte Karis Elias ist schon mit Begeisterung dabei: »Ich finde es aufregend, die Sprache des Heilands zu lernen«, sagt sie.

Nostalgie ohne Romantik

*Wer nach Authentizität sucht, wird südlich
von Hebron fündig. Hier steht die Zeit still.
Palästinensische Hirten leben wie ihre Ahnen. Mit
Orientromantik hat das allerdings wenig zu tun*

Endlich gefunden! In Palästina muss man lange
nach dem Ausblick suchen, der das hält, was das
Stereotyp vom Heiligen Land verspricht. Die Mit-
telalteridylle der Gassen der Altstadt Jerusalems
wird von Internetcafés gestört, das Tausendund-
eine-Nacht-Gefühl der *Kasba* von Nablus leidet
unter dem Arab-Techno-Pop, der dort ständig
aus Lautsprechern dröhnt, und in der altehrwürdigen Höhle der Patriarchen in Hebron, da, wo
angeblich der Stammesvater Abraham begraben
liegt, zerläuten Handys die heilige Stille. Nein,
wer das Heilige Land so sehen will, wie es in der
Bibel steht, muss von Hebron aus auf einer Land-
straße dreißig Minuten in den Süden fahren und
dann in einen nicht gekennzeichneten Feldweg
abbiegen. Auf den ersten paar Hundert Metern
ruckelt das Auto nur ein wenig und wirbelt dichte Staubwolken auf. Schnell wird die Holperstre-
cke selbst für Reifen und Dämpfer eines Gelände-
wagens zur Via dolorosa. Nach wenigen Minuten
ist man allein.

Palästina ein dicht besiedeltes Land? Von wegen! Kahle, mit Steinen übersäte, hellbraune Hügel so weit das Auge reicht, kein Telefonmast, keine Stromleitung, kein Anzeichen menschlicher Zivilisation. Eine holprige Kurve führt um eine Hügelkette, und auf einmal sieht man es: ein Märchen-Beduinendorf. Ein Hirtenjunge klettert mit seinen Schafen einen fernen Berg hinauf, hinter ihm liegt eine Ansammlung kleiner Zelte und Steinhäuser. Sie stehen über schwarzen Mäulern mehrerer Wohnhöhlen, deren Öffnungen den Anschein geben, als empfinge der Hügel jeden Sonnenaufgang mit einem großen Gähnen. Vielleicht verständlich, scheint in dieser Gegend doch wirklich nie etwas zu geschehen.

Willkommen in Mfagara. Es ist eines von zwölf palästinensischen Dörfern in der Umgebung, in der etwa tausendfünfhundert Menschen eine »einzigartige Lebensweise« bewahren, so ein Bericht der israelischen Menschenrechtsorganisation Btselem: Die Bewohner seien »eine der wenigen Populationen der Welt, die in Höhlen wohnen und alte Traditionen aufrechterhalten«. Mahmud Hamamdeh ist der Vorsitzende des Dorfrats der sechzehn Familien Mfagaras und erfüllt vom Äußeren her genau die romantische Rolle des arabischen Höhlenbewohners. Das sonnengegerbte Gesicht des siebenundvierzig Jahre alten Mannes ist ein Ebenbild der Landschaft, in der er lebt: Seine braunen Wangen werden von tiefen *Wadi*-Falten durchzogen, der ausgebrannt schwarze Bart kontrastiert mit dem Staubweiß der im Wüstenwind flatternden *Kafiya*. Er trägt eine braune *Abaya*, darüber ein altes, staubiges Jackett. Unwissende würden ihn für einen Beduinenscheich halten, aber der Mann, der hier Streit schlichtet und für die Einwohner bei den Behörden vorspricht, lehnt nicht bloß den alten arabischen Ehrentitel ab: »Wir sind keine Beduinen. Dieses Land gehört uns, wir wandern nicht herum«, sagt Hamamdeh.

Neben Mahmud sitzt der zweiunddreißig Jahre alte Murad Hamamdeh, ein waschechter Eingeborener: Seine Mutter brachte ihn mit der Hilfe einer Hebamme in einer der Höhlen zur Welt. Seither lebt er »genau wie meine Vorfahren«. Murads Lebensweise unterscheidet sich kaum von der seiner Väter, deren Präsenz hier spätestens seit 1830 schriftlich dokumentiert ist. »Mein Alltag ist stets derselbe«, sagt der junge Schäfer, setzt sich auf einen Felsen mit Ausblick aufs *Wadi* und dreht sich eine Zigarette. »Ah, das ist besser als Alkohol!«, sagt er und zieht an der Kippe. »Ich stehe morgens um fünf Uhr auf und bete. Dann melken wir die Schafe, füttern die Lämmer und essen Frühstück: Olivenöl, *Zaatar* (ein Gewürzgemisch aus Thymian, Sesamkörnern, Majoran und Gewürzsumach), ein bisschen Schafsjoghurt, ein starker Kaffee. Dann gehen wir auf die Felder, so bis vier Uhr nachmittags, kommen heim, melken wieder unsere Schafe und füttern die Lämmer, essen Abendbrot und ruhen uns aus.« Nachts werden die Schafe in die Höhlen getrieben, wo sie neben ihren Eigentümern schlafen. So dürfte es im Land auch zu Lebzeiten Jesu zugegangen sein.

Traditionen werden erhalten. Viele der Männer haben zwei, manchmal sogar drei Ehefrauen: »Für vier Frauen fehlt den meisten das Geld«, sagt Mahmud in entschuldigendem Tonfall. Die weiblichen Bewohner Mfagaras, die hier noch fröhliche, bunte palästinensische Traditionskleider tragen, gehen Fremden schüchtern aus dem Weg. Ihre Ehemänner verbieten ihnen den Kontakt zur Außenwelt: »Das steht so im Koran«, behauptet Mahmud, der fest daran glaubt, dass seine Gattin im Haus bleiben und nicht mit anderen Männern sprechen soll. Selbst das Fotografieren der Frauen ist verboten. Zu Katzen sind die Männer in Mfagara äußerst sanft, ja fast zärtlich, und sehr geduldig. Schließlich hatte ja auch der Prophet eine Lieblingskatze. Und so pirscht ein vierpfotiges weiß-braunes Tier neugierig um die Männer herum, die eine durchsichtige Plastikplane auf dem Boden ausgebreitet und sich darauf niedergelassen haben, um Mittag zu essen.

Kino? Theater? Mal ein Restaurant, oder ins Konzert? Dorfvorsteher Mahmud bringt diese Frage zum Lachen. Seine Abendunterhaltung ist spartanisch: »Ich genieße es, abends eine Tasse Tee zu trinken, mich mit meinen Freunden zu unterhalten und meine Schafe zu betrachten«, sagt Mahmud und lehnt sich im Schneidersitz zurück. Ein großes Tablett steht im Kreis der Männer, darauf häufen sich gelber Reis und Huhn, das angesichts seiner Zähigkeit wahrscheinlich eher hohem Alter als dem Schlachtmesser erlegen ist. Gemächlich reißen die Männer Fladenbrote in Stücke, tunken sie in frischen Schafskäse und stochern mit den Gabeln im Reis-Hühner-Haufen herum. »Abends erzählen wir uns Geschichten oder berichten darüber, was wir tagsüber erlebt haben. Das kann ein seltener Raubvogel sein oder Veränderungen in der Wüste. Ich werde heute Abend von einem deutschen Journalisten erzählen, der hier war und mir komische Fragen gestellt hat«, sagt Mahmud.

Manche Fragen verärgern ihn: »Wir leben hier nicht im Mittelalter«, entrüstet er sich, als gefragt wird, ob die Eltern die Lebenspartner ihrer Kinder aussuchen oder ob Jungen und Mädchen ihre Gatten selber finden. Natürlich bestimme die Jugend ihr Schicksal selbst. Der freundliche Scheich erweist sich als leicht erregbar: Er hebt seine Stimme, seine Arme fuchteln in der Luft umher, aus ruhigen Sätzen wird ein heftiger Redeschwall. Seine Worte machen mit romantisierendem Orientalismus Schluss und lassen die Seifenblase biblischer Höhlenromantik jäh zerplatzen: »Was sind das überhaupt für Fragen? Wir leben doch nicht freiwillig in Höhlen, ohne Strom und fließendes Wasser! Wir wohnen doch nur so, weil die israelische Besatzung uns keine Gelegenheit gibt, daran etwas zu ändern! Man gibt uns keine Chance, unsere Lage zu verbessern.«

Abrupt steht Mahmud auf und führt seine

Gäste zum Eingang seiner Höhle. Hier liegen noch die Überreste von dem, was er bis November 2011 sein Heim nannte: »Die Armee kam und gab mir ein paar Stunden Zeit, meine Habe in Sicherheit zu bringen. Dann planierten sie mein Haus, konfiszierten unseren Generator, zerschnitten die Stromkabel.« Seine Tochter Saussan, die einzige Universitätsstudentin im Dorf, protestierte so heftig, dass sie acht Tage lang in Haft saß. Es war ein vorläufiger Höhepunkt im jahrzehntealten Kampf zwischen Höhlenbewohnern und der Armee um das Land südlich von Hebron.

Seit der Eroberung des Westjordanlands 1967 versucht Israel, die rund dreitausend Hektar Wüste nahe der früheren Grenze unter seine Kontrolle zu bringen. Im Jahr 1970 wurde es zum Sperrgebiet erklärt. Seither heißt das Areal, das Mahmud Mfagara nennt, auf Landkarten der israelischen Armee »Truppenübungsplatz 918«. Es handle sich um eine »zwingende militärische Notwendigkeit«, erklärte das Militär später vor Gericht, man benötige ein Trainingsgebiet für Kampfbomber und Bodentruppen. Doch Soldaten sieht man hier selten, behauptet die Menschenrechtsorganisation Btselem, die gegen die Absicht der Armee kämpft, die Einwohner »zu ihrem eigenen Schutz« aus ihren Höhlen zu vertreiben. Immer wieder werden Tauschhandel angeboten, damit sie ein wenig weiter gen Süden ziehen. Doch die Bewohner lehnen ab. Es werde ihnen zu wenig Land geboten, und es gebe dort keine passenden

Höhlen, so Mahmud. »Die Bewohner umzusiedeln, würde es ihnen unmöglich machen, ihre Bräuche zu bewahren«, konstatiert der Bericht von Btselem.

Mahmud ringt nicht bloß mit den Planierraupen der Armee. Seine größte Sorge sind die israelischen Siedlungen der Umgebung. Während man den Palästinensern verbietet, ihre Dörfer aufzubauen, ans Strom- oder Wassernetz anzuschließen, blühte die israelische Siedlung Havat Maon in der militärischen Sperrzone auf, bis sie im Jahr 2000 zwangsgeräumt wurde. Im Gegensatz zu anderen Siedlungen, in denen meist Yuppies leben, die nach einer besseren Lebensqualität suchen, wohnen in der Abgeschiedenheit der Wüste überwiegend hartgesottene, ideologisch beflügelte Siedler. Sie suchen den Konflikt mit den palästinensischen Schäfern. Im Jahr 2004, als die Gewalt der Zweiten Intifada ihren Höhepunkt erreichte, eskalierten auch die Spannungen mit den Siedlern. Sie vergifteten Mahmuds Herde: »Von dreihundert Schafen starben hundert. Drei Monate lang durften wir ihre Milch nicht trinken.« Seine jüdischen Nachbarn entwurzelten Felder, belästigten, drangsalierten und beschimpften regelmäßig Kinder auf dem Weg zur Schule und sorgten dafür, dass die Dorfbewohner hier nicht Fuß fassen konnten. Im Dorf nebenan, das näher zur nächsten Siedlung liegt, hatten sie Erfolg. Enttäuscht zeigt Mahmud auf die leeren Ruinen des Ortes, in dem einst Nachbarn lebten:

»Sie sind in die Stadt Yatta geflüchtet. Im Dorf wohnt niemand mehr.«

Dennoch empfindet Mahmud keinen Hass gegen Israel. Gern schwelgt er in Erinnerungen an die Zeit vor dem Oslo-Friedensvertrag: »Damals war noch alles gut. Ich arbeitete in Beer Scheba als Gärtner, oder als Bauarbeiter in Tel Aviv. Das war ein Leben! Ich fuhr morgens zur Arbeit, war um vier Uhr wieder da und konnte mich ausruhen. Ich verdiente genug, um das Leben zu genießen. Aber jetzt kann ich schon seit Jahren nicht mehr dorthin, besonders seitdem der Grenzzaun errichtet wurde.« Auch nach Beginn der Zweiten Intifada blieb Mahmud, der fließend Hebräisch spricht, mit Israelis in Kontakt: »Ich habe kein Problem mit Israelis, es gibt ja auch viele gute Menschen unter ihnen. Einmal kamen Freiwillige her, die uns halfen, meine Zisterne zu bauen. Wer mit guten Absichten herkommt, ist willkommen.«

In den vergangenen Jahren hat sich die Lage ein wenig entspannt. Frauen gebären nicht mehr in Höhlen, sondern im Krankenhaus in Yatta, alle neunzehn Kinder unter dreizehn gehen regelmäßig zur Schule.

Gegen ein Uhr mittags kehrt Jihad vom Unterricht heim. Ein Minibus hat ihn und seine Kameraden auf einem Hügel nebenan abgesetzt, jetzt hüpft der lustige dreizehn Jahre alte Junge fröhlich über den staubigen Pfad nach Hause. Er denkt nicht daran, von hier wegzuziehen: »Ich will

Tierarzt werden und mich eines Tages um unsere Herden kümmern«, sagt der Junge, der, wenn es Strom gibt, am liebsten Fußballspiele mit Barcelona oder Wrestling-Kämpfe mit John Cena anguckt. Mahmud hat keine Angst um die Zukunft seines Dorfes: »Es gibt bei uns keine Landflucht. Unsere Kinder verlassen uns nur für kurze Zeit, kehren aber stets wieder zurück«, behauptet er. »Wo sonst könnten sie das genießen, was wir hier haben? Ein unverbaubarer Blick auf die Wüste, die uns gehört?«

Sein Haus baute er damals für seine zwölf Kinder: »Die brauchen doch fließendes Wasser und Strom und richtige, helle Zimmer.« Er selber zog es vor, weiter in der siebzig Quadratmeter großen Höhle zu leben, die er vor wenigen Jahren für umgerechnet tausendvierhundert Euro kaufte. »In so einer Höhle bin ich geboren, und hier will ich auch sterben, wenn die Armee, das israelische Gericht und Gott das zulassen. Aber erst in ferner Zukunft, *Inschallah*«, sagt Mahmud und lacht.

Lachen vor Schmerz

Palästinenser sind nicht für ihren Humor bekannt.
Trotzdem lacht man in Palästina, doch hauptsächlich,
um den Alltag der israelischen Besatzung besser
bewältigen zu können

Es war ein typisch palästinensischer Augenblick:
»Mitten in der Probe hörten wir eine gewaltige
Explosion, das ganze Gebäude bebte«, erinnert
sich Husam Abu Esheh. Der Komiker und Schau-
spieler rannte mit seinen fünfzehn Kollegen sofort auf die Straße: »An der Stelle, an der kurz
zuvor noch eine Polizeistation stand, rauchten
Trümmer.« Es war März 2002, und der Teufels-
kreis der Zweiten Intifada hatte einen neuen Höhepunkt erreicht. In Vergeltung für den Mord
an neun Israelis, die am Tag zuvor in einem
Selbstmordattentat in Jerusalem ums Leben gekommen waren, griff Israels Luftwaffe mehrere
palästinensische Ziele an. Es war das erste Mal
seit 1967, dass Kampfbomber durch den Himmel
über Ramallah donnerten. »Die Menschen starr-
ten schockiert und ungläubig auf den Trümmer-
haufen. Mit so etwas hatten sie nicht gerechnet.
Wir wussten: Wenn wir jetzt nichts unternehmen,
bleibt unser Theatersaal am Abend leer.« Doch
Husam ist nicht umsonst einer der berühmtesten
Bühnenkünstler Palästinas: »Wir stiegen einfach

auf den Schutt und improvisierten dort. Danach folgten uns die Menschen ins Theater. Die Bude war voll.«

Witze erfüllen in Palästina eine besondere Funktion – Gekicher als Gruppentherapie: »Palästinensischer Humor ist schwarzer Humor. Er soll den Alltag nicht vergessen, sondern erträglicher machen. Wir lachen aus Schmerz. Humor ist Teil unseres Befreiungskampfs«, sagt Husam. Seine Karriere begann, als er ein Jugendlicher war und auf Familienfesten berühmte Persönlichkeiten imitierte und alle zum Lachen brachte. »Später erkannte ich, dass ich niemanden nachahmen, sondern nur ich selber sein will«, sagt Husam und zieht an der für Palästinenser anscheinend obligatorischen Zigarette. Direkt nach dem Sechstagekrieg 1967 begann er mit politischem Theater: »Wir waren damals noch nicht sehr raffiniert«, erinnert sich der drahtige Mann mit dem grau melierten Haar. »Wir stellten uns einfach auf eine Bühne und sagten, wie schlimm wir Israel fanden. Es gab noch keine echte Theaterkultur«, sagt Husam, der heute nicht bloß schauspielert und Stand-up-Comedy macht, sondern Theaterstücke und Fernsehserien schreibt und produziert. Wenn er sich an seine bescheidenen Anfänge erinnert, schmunzelt er, bis sich sein schmaler, eleganter Schnauzbart verzieht. Husam träumte von einer Schauspielkarriere, also begann er 1976 ein Schauspielstudium, zuerst in Tunesien, danach in Frankreich.

Heute tritt er überall im Westjordanland auf. Abends füllt er große Hallen in Ramallah, Hebron oder Jerusalem, wo ein zunehmend differenziertes Publikum bis zu vier Euro zahlt, um den vom Fernsehen bekannten Husam zu sehen. Tagsüber spielt er vor einem anderen Publikum. Vier verschiedene Ministerien finanzieren seine Auftritte in Schulen oder in kleinen Dörfern, wo Menschen kommen, weil der Einlass umsonst ist. Es ist Erziehung übers Zwerchfell: »Die Palästinensische Autonomiebehörde will, dass ich wichtige gesellschaftliche Botschaften didaktisch und leicht verdaulich übermittle«, sagt Husam. Berühmt machte ihn seine Fernsehserie »Dar Abuna« (Haus unseres Vaters), in der er Palästinensern die Prinzipien von Toleranz und gewaltlosem Widerstand vermittelte. Husam ist inzwischen weit jenseits der Grenzen Palästinas bekannt. Eine seiner Produktionen heißt »Geschichten unter Besatzung«: »Damit gastierte ich in zweiundsechzig Ländern, sogar vor einem jüdischen Publikum im Kennedy Center in Washington«, sagt Husam, und seine braunen Omar-Sharif-Augen leuchten stolz. Er sieht sich in der Funktion eines komischen Chronisten: »Was auf der Bühne geschieht, ist nicht frei erfunden. Ich sammle einfach meine Alltagserfahrungen, die sind absurd genug.«

Husams Programm beschäftigt sich intensiv mit der Besatzung: »Eine Szene in meinem Programm heißt ›Alhamdulillah‹ (Gott sei gepriesen). Sie ist ein Telefonat zwischen einem Vater und seinem Sohn während der Zweiten Intifada.« Der Sohn ist ausgewandert und ruft aus London an, um sich über das Wohlergehen seiner Familie zu erkundigen. Der Vater hat immer dieselbe Antwort parat: »*Alhamdulillah!*«, was sich ja eigentlich recht optimistisch anhört. »Aber nach und nach kommt heraus, wie schlimm die Lage ist. Die Mutter wurde erschossen, der Bruder ist ertrunken«, zählt Husam die Katastrophen auf, mit denen sich viele Palästinenser identifizieren können. Besonders lustig findet er seinen Gag über die Olivenernte: »Der Vater sagt, sie war sehr ertragreich und die Früchte außergewöhnlich groß. Dabei stellt sich nachher heraus, dass das, was er für Oliven hielt, einfach nur runde, schwarze Gummigeschosse am Boden waren, die aussahen wie Oliven«, sagt Husam und lacht. Eine andere Szene spielt an einer Straßensperre. Ein Palästinenser stellt sich mit einer berstend vollen, riesigen Tasche vor einen israelischen Soldaten. Er öffnet sie und holt unzählige Dokumente und Zertifikate heraus, die ihm ein Überqueren des Checkpoints gestatten sollen. Der Soldat prüft die Urkunden gründlich und lässt ihn schließlich passieren. Fast verlässt der Palästinenser schon die Bühne, da hält ihn der Soldat zurück: »He, du hast ja grüne Unterhosen an! Dafür hast du keine Genehmigung!«, ruft er und stellt ihn vor eine schwierige Wahl: »Er kann entweder die Unterhose ausziehen oder wieder zurück nach Hause gehen«, sagt Husam grinsend.

In einem verrauchten Büro der offiziellen Nachrichtenagentur WAFA erläutert Ali Hussein die Stereotypen, die die Palästinenser bei ihren Witzen gebrauchen. Witzfiguren wie die rheinländischen Tünnes und Schäl haben Palästinenser nicht. Ein großer Teil ihres Humors beruhe auf lokaler Folklore, sagt Ali, »zum Beispiel der Mann aus Nablus, der Sex mit kleinen Jungen haben will«, sagt der WAFA-Chefredakteur und erläutert das mit einem derben Witz, der nicht druckreif ist. Ali nutzt seine vom Kettenrauchen heisere Louis-Armstrong-Stimme lieber für Witze als für Nachrichten: »Wir sind gar nicht so prüde, wie viele denken. Die meisten unserer Witze haben sexuelle Andeutungen«, sagt Ali, und erzählt gleich einen Scherz, der angeblich von seinem Schreibtisch aus durch ganz Palästina ging: »Israels Premier Benjamin Netanjahu ist viel besser als Viagra. Er brachte mit nur einer Rede den US-Kongress gleich zweiunddreißig Mal zum Stehen!«, sagt Ali, prustet laut und schiebt direkt folgenden Witz hinterher: »Eine Ausländerin will das Grab unseres ehemaligen Präsidenten Jassir Arafat besuchen. Ihr palästinensischer Bekannter rät ihr, sich dafür einen längeren Rock anzuziehen: ›Ach, weil Muslime das unangemessen fänden, wenn ich mit solch einem kurzen Rock zu Arafats Grab ginge?‹, fragt sie. ›Nein, weil Abu Ammar (der Kriegsname Arafats) sonst vom Grab aus vielleicht dein Höschen sehen könnte‹, erwidert ihr Freund.« Solche Witze erzähle man sich auch gern im großen Rahmen: »Ich glaube, Frauen reißen sogar öfter versaute Witze als Männer, vorausgesetzt, man kennt sich«, sagt Ali.

Über Besatzung, Sex, Tod, ja selbst Politik können die Palästinenser nach Herzenslust lachen: »Es gibt im Westjordanland so gut wie keine Zensur. Ich mache mich auf der Bühne auch über Präsident Mahmud Abbas lustig und muss nichts befürchten«, behauptet der Komiker Husam. Das ist wahre Narrenfreiheit: In den vergangenen zwei Jahren wurden vier palästinensische Journalisten verhaftet, nachdem sie Abbas' Politik zu scharf kritisierten. Ein Thema jedoch, da sind Ali und Husam sich einig, befindet sich jenseits einer dicken roten Linie der Selbstzensur: »Man darf keine Witze über Religion machen, und bestimmt nicht über den Propheten«, sagt Husam. Selbst als harter Kritiker, der die Probleme der palästinensischen Gesellschaft mit scharfsinnigem Humor aufs Korn nimmt, ist das ein Tabu, an das er sich penibel hält: »Das will ich auch gar nicht antasten. Niemand tut das«, sagt Husam. Im Gazastreifen sei in vergangenen Jahren ein zweites Tabu hinzugekommen, sagt Husam, dessen ehemalige Schüler versuchen, im belagerten Landstrich mit Comedy ihren Lebensunterhalt zu verdienen. Dort darf man nicht mehr über die Machthaber der radikal-islamischen Hamas lachen.

Ohnehin scheinen die Palästinenser sich lieber über die Einwohner Hebrons lustig zu machen. Die Bewohner der jahrtausendealten Stadt, in der der Stammesvater Abraham begraben sein soll, gelten als konservativ, »vielleicht sogar ein bisschen dumm. Laut einem Witz begreifen sie so langsam, dass bei einem Kurs, bei dem Männern das Binden von Krawatten beigebracht wird, fünf Hebroniter sich selber erdrosseln«, sagt Ali und hält seinen runden Bauch vor Lachen. Gleichzeitig gelten die Einwohner der reichen Händlerstadt als sehr geschäftstüchtige Menschen, die gerissen letztlich die Oberhand behalten. Ihnen verdanken die Palästinenser einen der wenigen Witze über die israelische Besatzung, die sonst »viel zu ernst ist, um über sie zu lachen«, sagt Ali. Ein Geschäftsmann aus Hebron und ein Jude treffen sich: »Ich habe zu viele riesige Büstenhalter gekauft und werde sie nicht los«, beklagt sich der Israeli. »Gib mir zweihundert Stück, mal schauen, was ich damit machen kann«, sagt darauf der Mann aus Hebron. Am nächsten Tag erhält der Israeli einen Anruf: »Wie viele BHs hast du noch?« – »Tausend« – »Gut, dann schick mir alle.« »Bist du verrückt?«, erwidert der Israeli. »Ich kann sie seit Jahren nicht loswerden. Wie verkaufst du die so schnell?« »Kein Problem«, antwortet der Mann aus Hebron: »Ich schneide sie entzwei und verkaufe sie euren Siedlern als *Kippa* (die Kopfbedeckung religiöser Juden).«

Manchen Palästinensern sind die reichen Hebroniter wegen eben solcher Geschäftsbeziehungen mit Israel suspekt: »Während der Zweiten Intifada bemerkten manche, dass alle Selbstmordattentäter aus Jenin und Nablus kommen, aber keiner aus Hebron«, erzählt Ali und macht mit den Zigaretten Pause, um sich eine Praline von Merci in den Mund zu stecken: »Die kommen doch aus Deutschland. Müssten doch eigentlich ›Danke‹ heißen, nicht?«, sagt er und gratuliert sich zu seiner Beobachtung mit einem breiten Grinsen. »Zurück zum Witz: Man munkelte, die Hebroniter wollten weiter mit den Israelis Geschäfte machen. Das war eine Beleidigung. Also treffen sich die wichtigsten Händler der Stadt und beschließen, Ali (das ist ein Name, der für gerissene junge Männer benutzt wird), einem jungen Hebroniter, für zweihundert Dollar einen Sprengstoffgürtel zu kaufen. Damit soll er in Tel Aviv ein Attentat begehen, um ihren Ruf bei den Palästinensern zu retten. Am Abend sitzen alle gespannt vorm Fernseher. Als endlich über den Anschlag berichtet wird, heißt es, der Täter sei aus Jenin. Empört und ratlos schauen sich die Geschäftsleute an. Da öffnet sich die Tür, und Ali kommt herein. ›Was ist passiert? Warum lebst du noch?‹, dringen sie auf ihn ein. ›Ich traf einen Hitzkopf aus Jenin. Der hat mir zweihundertfünfzig Dollar für den Sprengsatz geboten. War doch ein gutes Geschäft, oder?‹, erwidert der.« Ob auch Hamas-Aktivisten über den Witz lachen würden, weiß Ali nicht.

Hightech im Heiligen Land

Israel ist als Hightech-Supermacht weltbekannt. Die Palästinenser bieten sich internationalen Betrieben als billige, krisenfeste und gut ausgebildete Arbeitskräfte an

Beflissen betritt ein Mann das Zimmer mit einem Tablett und serviert seiner jungen Chefin eine Tasse dampfenden Kaffees. Was in einem kleinen Büro in Ramallah Alltag ist, ist in Palästina, wo die Geschlechterrollen noch klar verteilt sind, die Ausnahme. Doch dieser Rollentausch ist nicht das einzige Stereotyp, das Tamara Awartani gerne über den Haufen wirft. »Ich bin eine devote Muslima« sagt die Neunundzwanzigjährige mit einem freundlichen Lächeln, trägt ihr langes schwarzes Haar aber in einem offenen Pferdeschwanz. Sie ist ein Computerfreak, spielte aber in der jordanischen Basketballnationalmannschaft. Sie ist eine schwangere, verheiratete Araberin, und gleichzeitig die Chefin von sechzehn Mitarbeitern einer Zweigstelle von Axsos, einem deutschen Hightech-Unternehmen mit Sitz in Stuttgart. Sie gehört zu einer Generation palästinensischer Jugendlicher, die nicht mehr mit Steinen in der Hand und einem Knurren im Bauch aufwachsen wollen. Laut Angaben von PITA, dem palästinensischen Verein für Informationstechnologie, wurden im vergangenen Jahrzehnt mehr als hundertfünfzig Hightech-Firmen in Palästina gegründet. Sie beschäftigen insgesamt mehr als viertausendfünfhundert hoch qualifizierte Mitarbeiter, die ihre Dienste internationalen Unternehmen anbieten. Ramallah will nach Israel zum neuen Silicon-*Wadi* des Nahen Ostens werden.

»Hightech ist der ideale Wirtschaftssektor für Palästina«, sagt Murad Tahboub, Direktor der größten palästinensischen Hightech-Firma Asal. »Dieses Land verfügt nur über einen Rohstoff: gut ausgebildete Mitarbeiter«, sagt Tahboub. Die neuen Kommunikationstechnologien ermöglichten es palästinensischen Unternehmen, die Behinderungen der israelischen Besatzung zu umgehen: »Wer Tomaten exportieren will, muss alles mit der israelischen Armee koordinieren, ist von der Sicherheitslage abhängig«, sagt Tahboub. Um ein IT-Unternehmen zu betreiben, brauche man nur helle Köpfe, Strom und eine funktionierende Telefonleitung. Deswegen, meint Tahboub, sei die palästinensische IT-Branche krisenfest.

»Palästina bringt mehrere Standortvorteile mit«, meint auch Frank Müller, Vorstand der Axsos AG, eines der ersten deutschen Unternehmen, die den Schritt nach Ramallah gewagt haben. Müller ist von Israel und Palästina begeistert, seitdem er in den neunziger Jahren in Ostjerusalem als Entwicklungshelfer arbeitete und hier seine palästinensische Ehefrau kennenlernte. »Ich liebe das Land und beide Völker«, sagt er. Es habe

Mühe gekostet, seinen Aufsichtsrat zu einer Kooperation im Krisengebiet zu bewegen. »Aber
Risiken gibt es schließlich überall auf der Welt«,
sagt Müller. Die Eröffnung des Büros in Ramallah sei »eine einmalige Gelegenheit, Wirtschaft-
lichkeit und soziale Gedanken gleichermaßen zu
verfolgen«. Dabei geht es nicht in erster Linie um
niedrige Löhne: »Personalkosten sind in Palästina
doppelt so hoch wie im klassischen Outsourcing-
Standort Indien«, sagt Müller. Dennoch biete Ramallah Vorteile: »Palästinenser haben eine hohe
soziale Kompetenz. Inder arbeiten hervorragend
sture Vorgaben ab. Aber ein Palästinenser kann
besser mit Kunden kommunizieren und auf sie
eingehen. Das liegt an der sprichwörtlichen ori-
entalischen Gastfreundlichkeit und daran, dass
ein Palästinenser gut mit unvorhergesehenen Si-
tuationen umgehen kann.«

Die Zusammenführung unterschiedlicher
Kulturen kann anfangs Reibung erzeugen: »Wir
Palästinenser arbeiten anders: Wir können am Telefon sprechen oder Musik hören und gleichzeitig Codes schreiben. Ohne Musik bekommen wir
hier gar kein Projekt zustande. In Deutschland
können sich die Menschen bei so einem Krach gar
nicht konzentrieren«, sagt Tamara. Das Kooperieren will in mühsamer Kleinarbeit gelernt sein:
»Bei den Lehrgängen in Deutschland irritierte
uns, wie dort abgerechnet wurde, wenn in einer
Kneipe die Rechnung kam: auf den Cent genau.
Das sieht für uns nicht exakt, sondern kleinlich

oder geizig aus«, sagt Tamara. Auch Müller hatte eingangs Probleme: »In Palästina ist ein anderer Führungsstil gefragt als in Deutschland. Dort können die Menschen am Arbeitsplatz mit Lob und Freiheiten kaum umgehen. Wenn man sie zu viel preist oder ihnen freistellt, wann sie zur Arbeit kommen sollen, reißt schnell der Schlendrian ein.« Es erfordere Fingerspitzengefühl, um »die Stärken beider Seiten zu kombinieren: Palästinenser improvisieren gern, strukturiertes Vorgehen und Ingenieurdenken muss man ihnen hingegen beibringen.« Das scheint allerdings hervorragend zu funktionieren: Angesichts des großen Erfolgs bei den Kunden baut Axsos die Zweigstelle weiter aus. In fünf Jahren sollen hier bis zu hundert Angestellte deutschen Firmen IT-Dienste leisten: »Das ist für uns auch eine nationale Mission – viele Anrufer wissen vor dem Kundengespräch nicht einmal, wo Palästina liegt. Danach wissen sie, dass es hier nette und professionelle Menschen gibt«, erläutert Tamara die hohe Motivation ihrer Mitarbeiter.

Doch es gibt noch ein weiteres Stereotyp, mit dem Tamara aufräumt: Bildung und Weltoffenheit führen nicht unbedingt zu politischer Mäßigung. »Israelis kennenlernen? Nein, danke!«, sagt sie, und ihr Lächeln verschwindet. »Israelis sind doppelzüngig: Sie sprechen von Frieden und bombardieren den Gazastreifen. Ich will keinen Israeli kennenlernen, will nicht mit ihnen sprechen, geschweige denn mit ihnen arbeiten«, sagt

die junge Managerin angesichts der Pläne von
Müller, eines Tages auch mit israelischen Unternehmen zu kooperieren.

Tamaras Haltung entstand in einer schick-
salshaften Nacht, die viele Palästinenser beein-
flusste: »Es war 2004, mitten in der Intifada. Ich
war mit meinen Schwestern allein zu Hause. Wir
hatten eine Filmnacht geplant. Auf einmal begannen wilde Schießereien. Eine Schwester war
noch auf dem Dach, da begann ein Luftangriff
auf Ramallah. Ich dachte, wir sterben alle. Seither will ich nie mehr mit einem Israeli sprechen.«
Immer wieder liefert ihr die Besatzung Gründe,
um ihre Nachbarn zu hassen: »Die Hälfte meiner
Familie lebt in Jerusalem, aber ich darf dort nicht
hinein«, sagt sie. Jedes Mal, wenn sie über die
Allenby-Brücke nach Jordanien fahre, werde sie
von Grenzbeamten erniedrigt. »Die Besatzung ist
allgegenwärtig. Hier in Ramallah ist man zwar
relativ frei – aber es ist nur ein großes Gefängnis.«

Als Lösung wäre Tamara am liebsten, »dass
alle Israelis verschwinden«, doch das sei leider
nicht möglich. Verhandlungen lehnt sie ab: »Das
bringt sowieso nichts.« Bewaffneten Widerstand
befürwortet sie nicht, weil der angesichts Israels
militärischer Übermacht keinen Fortschritt verspricht: »Die einzige Antwort ist *Sumud* – Durch-
halten«, sagt sie. Diese Einseitigkeit beschränkt
sich nicht nur auf den israelisch-palästinensi-
schen Konflikt. Tamara bezieht ihre Informationen nur aus der Fernsehstation der libanesi-

73

schen Hisbollah-Miliz Al Manar: »Die sind die Einzigen, die die Wahrheit sagen.« Deswegen ist sie überzeugt, dass Syriens Präsident Baschar al-Assad, der laut Angaben der syrischen Opposition in einem Jahr mindestens neuntausend seiner Staatsbürger ermorden ließ, eigentlich ein friedliebender Kerl ist, das Opfer einer internationalen Verschwörung: »Er tötet nur die mit Waffen, und die sind Ausländer, zum Beispiel Jihadisten aus Libyen«, sagt Tamara.

Leben wie Gott in Filastin

Die besten Restaurants Palästinas machen äußerlich nicht viel her. Die bekanntesten kulinarischen Adressen Palästinas überraschen meist durch ihre Schlichtheit

In Ramallah sprießen neuerdings Restaurants und Kaffeehäuser, ja sogar Sushi-Restaurants aus dem Boden wie Pilze nach dem Regen. Sie geben sich schicke Namen wie Café de la Paix oder Jasmine und locken ihre Kundschaft mit blinkenden Neonreklamen und lauter Musik. Doch bei Angelo an der Ecke Friends und Main Street (Sharia a Raissi), drei Minuten vom Manara-Platz entfernt, hat sich seit der Eröffnung vor fünfundzwanzig Jahren nichts verändert: Die Tische sind aus billigem, hellem Furnier, der Fußboden wurde seit Jahrzehnten nicht mehr erneuert, die Türen in den Toiletten quietschen und ächzen in den Angeln. Trotzdem brummt der Laden. Studenten, Geschäftsleute und Familien drängen sich dicht an dicht. Im Sekundentakt strömen brutzelnde Lasagnen aus dem Steinofen, aus der Küche tragen Kellner im Eilschritt dampfende Portionen von Spaghetti oder Steaks. Äußerlich sieht Angelo wie jedes andere Arbeiterrestaurant aus, wäre da nicht ein historischer Umstand, der diese palästinensische Interpretation eines italienischen Restaurants von anderen unterscheidet: Angelo war die Speisekammer des legendären palästinensischen Präsidenten Jassir Arafat. Wenn Arafat Hunger oder Gäste hatte, bestellte er hier sein Essen: »Er mochte unser Restaurant, weil wir sehr flexibel und verlässlich sind«, sagt Omar Zahalan, seit Jahren Geschäftsführer bei Angelo: »Wir können innerhalb kürzester Zeit ein Essen für zwanzig oder dreihundert Gäste herrichten«, sagt Omar, der bei den Empfängen im Präsidentenpalast in Ramallah die Führungsspitze der internationalen Politik verköstigte.

Dabei kann man auf der Speisekarte gar nicht finden, was der *Rais* – also Präsident – so gern bestellte: »Pizza und Lasagne aß er nie, er hatte ein Problem mit Cholesterin«, sagt Omar. Dass Arafat hier Stammgast war, spiele deswegen für die Popularität des Restaurants keine Rolle. Das mag auch daran liegen, dass der legendäre *Rais* nicht als Gourmet bekannt war: »Arafat mochte Fisch, Calamari und Shrimps, am besten frittiert. Er zog simple Gerichte, einfaches palästinensisches Essen, vor«, sagt Omar. Arafat, der als Chef der PLO über ein Budget von Milliarden Euro verfügte, kultivierte von sich das Bild des einfachen, volksnahen Führers. Er trug keine teuren Anzüge, sondern Khaki-Uniform. Im Präsidentenpalast schlief er auf einer engen Pritsche. Und er speiste »wie ein *Fellache*«, sagt Omar: »Er nahm stets kleine Portionen. Am liebsten aß er weißen Käse mit Olivenöl und Honig.« Hin und wieder ließ er sich auch mal *Hummus* servieren, die traditionelle arabische Kichererbsenpaste, auf die man *Ful* (Puffbohnen) oder *Falafel* (frittierte Kichererbsenbrei-Bällchen) gibt.

Angelo sorgte nicht bloß dafür, dass Arafats Magen voll blieb, sondern hielt zumindest eine israelische Gefängniszelle leer. Bevor das Restaurant eröffnete, verbrachte Manager Omar insgesamt vier Jahre in israelischer Haft: »Als Jugendlicher warf ich Steine oder Molotowcocktails auf die Besatzer«, sagt er zwischen zwei Zügen an seiner Zigarette und laut gebellten Anweisungen an seine Angestellten. »Seitdem das Restaurant aufmachte und ich anfing, hier zu arbeiten, blieb mir dafür keine Zeit mehr.« Omar begann als Tellerwäscher im Restaurant, das in Ramallah von Anfang an ein Hit war: »Es gab damals keine Auswahl. Man konnte nur bei Angelos essen gehen«, sagt Omar.

Dieser Zustand hat sich deutlich verändert. Schon vor zehn Jahren, mitten in der Zweiten Intifada, eröffnete Osama Khalaf, der Besitzer des Angelos, ein weiteres Restaurant. Darna wurde umgehend zur nobelsten Gaststätte Ramallahs. Seine Geschichte ist eng mit der Intifada verwoben: »Unsere Architektur ist Symbol des Widerstands: Die Steine in den Wänden stammen aus den Trümmern von Häusern, die von den Israelis abgerissen oder zerstört wurden«, sagt Ahmad Znobar, seit zehn Jahren Chefkoch im Edelrestaurant. »Die Menschen waren dankbar dafür, dass es endlich etwas auf so hohem Standard gab, und das mitten in einem Krieg. Sie standen von Anfang an stundenlang Schlange.«

Darna, das direkt neben der deutschen Vertretung in Ramallah liegt, richtet sich an zwei Klientelen: Wie bei Angelo gibt es hier italienische Küche, das Lieblingsessen der Palästinenser. Doch im Gegensatz zu Arafats Lieblingsrestaurant wartet Darna in einem Menü für Ausländer auch mit typisch palästinensischen Gerichten auf. So wurde das Nobelrestaurant zum Nachfolger des Angelos: Znobar verköstigt die Diplomaten, die Arafats politischen Erben Mahmoud Abbas in der Muqataa, dem Präsidentenpalast, besuchen: »Wenn so eine Delegation kommt, müssen manchmal fünfzig Schafe dran glauben«, sagt Znobar. US-Präsident George W. Bush habe seine Lammkeule gekostet und »sogar zwei Teller *Hummus* verspeist«, sagt Znobar. Russlands Präsident Wladimir Putin habe Barsch vorgezogen. »Abbas isst am liebsten Fleisch – ein Steak, medium rare, in Pilzrahmsauce, als Vorspeise Calamari in Balsamicodressing«, weiß Znobar zu berichten.

Seine Küche liefert eine aufgewertete Interpretation einfachen palästinensischen Bauernessens. Wer die palästinensische Küche kennenlernen will, hat hier die Qual der Wahl. Zur Vorspeise sollte man sich auf jeden Fall ein *Msahan* bringen lassen, eine traditionelle Winterspeise, die Bauern früher mit auf die Ernte im Olivenhain nahmen. Es ist eine Art Tortilla, gefüllt mit Zwiebeln und

Hühnerfleisch, über die man den roten Staub von Gewürzsumach sprenkelt. *Kussa*, gefüllte Zucchini, oder *Dawali*, gefüllte Weinblätter, dürfen auf dem Tisch nicht fehlen. Wer danach noch Hunger verspürt, kann sich *Maftoul* bestellen – eine Art Couscous mit Bohnen, Kichererbsen und Hühnerfleisch, die mit Olivenöl und Hühnersuppe übergossen werden. Und man sollte sich eine Portion *Maqluba* bringen lassen – Auberginen mit Mehl, die mit Tomaten, Fleisch und Reis in Schichten gebacken und dann gestürzt werden.

Doch so sehr man sich in Ramallah anstrengen mag: Den besten Nachtisch Palästinas findet man in der *Kasba* von Nablus. In einer kleinen Bude, direkt neben der Moschee, stehen die Menschen vor Knafeh al Aqsa Schlange, um einen kleinen Happen der warmen Süßspeise zu erhalten. An den sechs kleinen Tischen im Inneren ist nicht genug Platz für die hungrige Kundschaft, die sich deswegen in der Gasse an die Wände lehnt und ihre Portionen mithilfe weißer Plastikgabeln verschlingt. Der Verkäufer kommt kaum nach: Mit einem Spachtel schneidet er durch die Schicht von safranrot gefärbten knusprigen Maismehlnudeln, die süßen Ziegenkäse bedecken, der mit heißem Zuckerwasser durchtränkt ist. Das ganze dampft auf einem riesigen, runden Blech, das von einer offenen Gasflamme warm gehalten wird: »Es steckt kein großes Geheimnis hinter der besten *Knafeh* der Welt«, sagt Bassil Shantir, der Sohn des Eigentümers. Er überwacht gerade zwei

Angestellte, die in der Küche nebenan neue Bleche mit *Knafeh* herstellen: »Seit mindestens drei Generationen nutzt meine Familie stets dasselbe Rezept. Lass andere mit der Mode gehen, wir ändern nichts. Außerdem hat Nablus das beste und leckerste Wasser Palästinas, den weichsten und mildesten Ziegenkäse. Mit solchen Zutaten kann man nichts falsch machen.« Ein kleiner Biss von der luftigen Süßspeise genügt, um sich zu überzeugen: In Ramallah kann man vielleicht speisen wie ein Präsident, aber in Nablus isst man wie Gott in Filastin.

Weiber mit Waffen

Kecke Soldatinnen gehören zu jedem Bildband über Israel. Ein Besuch bei Israels Amazonen, und ein Blick hinter die egalitären Kulissen der Armee

Mit dem vollen Pausbackengesicht, dem schulterlangen braunen Haar, dem sinnlichen Mund und den weiblichen Konturen sieht die neunzehn Jahre alte Timna Marschal gar nicht wie eine Amazone aus. Trotzdem wollte sie »schon immer Kampfsoldatin werden«. Anfang 2012 schloss die Gefreite eine Spezialausbildung beim israelischen Heimatschutzkommando ab. Dafür lief sie im Abschlussexamen eine Strecke von sechzig Kilometern in voller Kampfausrüstung, die Hälfte mit einer Krankenbahre auf den Schultern: »Wir machen alles mit den Männern zusammen. Bei uns herrscht Gleichberechtigung«, sagt die junge Soldatin voller Enthusiasmus. Jetzt wird sie wochenlang Israels Südgrenze mit dem Gewehr im Anschlag vor Eindringlingen aus dem Sinai schützen. Marschal ist eine von jährlich rund tausendfünfhundert Frauen in Israels Kampfeinheiten. Damit haben die Israel Defense Forces (IDF) den höchsten Frauenanteil aller Armeen weltweit.

Nur wenige Soldatinnen haben Feminismus im Sinn, wenn sie sich freiwillig zu einer Kampf-

einheit melden: »Ich muss mich nicht beweisen«,
sagt die einundzwanzig Jahre alte Sarah Naor,
Unterleutnant in einer Multiple-Launch-Rocket-
System(MLRS)-Batterie. »Ich wuchs in Kiryat
Schmone auf, einer Stadt an Israels Nordgrenze.
Dort herrschten immer Spannungen, die Armee
ist ständig präsent. Man lernt, dass es nicht selbstverständlich ist, sicher in seinem Bett schlafen zu
können. Jetzt will ich meinen Teil dazu beitra-
gen.« Als Tochter argentinischer Einwanderer
habe sie »ein sehr heißes Temperament. Kämp-
ferin sein – das passt zu mir«, sagt die kleine Frau
mit dem unbändigen braunen Ponyhaarschnitt.

Für viele israelische Eltern ist es schwer mit
anzusehen, wie ihre Töchter zu Kämpferinnen
ausgebildet werden, voller Staub, mit Schwielen
an den Händen und mit blauen Flecken übersät
heimkommen und ihr Leben riskieren: »Meine Eltern waren schockiert«, sagt Sarah. Für die fünf-
undzwanzigjährige Michal Jaakober, Hauptmann
und Kommandantin einer Hawk-Flugabwehrbat-
terie, war es hingegen selbstverständlich, zu einer
Kampfeinheit zu gehen: »Mein Vater war Offizier
in der Luftwaffe, mein großer Bruder diente als
Kampfsoldat. Klar, dass ich das auch eines Tages
tun würde.« Zwar war selbst dem Vater als Berufssoldaten dieser Gedanke fremd. Doch heute
»genieße ich seine volle Unterstützung«, sagt die
Blondine mit den strengen braunen Augen.

Das offizielle israelische Narrativ spricht gern
von vollkommener Gleichberechtigung. Tatsäch-

lich darf der Zionismus in dieser Hinsicht als eine der fortschrittlichsten nationalen Befreiungsbewegungen gelten. Der zweite Zionistenkongress gewährte Frauen 1898 das Wahlrecht – Jahrzehnte vor Westeuropas Demokratien. In den vierziger Jahren, als die Spannungen Palästina in einen Bürgerkrieg stürzten, gehörten Frauen der Palmach an, einer freiwilligen jüdischen Sturmtruppe. Dort kommandierten sie Einheiten, eskortierten Konvois, legten Minen und Sprengsätze oder dienten als Sanitäterinnen. Mit der Staatsgründung Israels 1948 wurde der egalitäre Ethos des Zionismus bestätigt: Frauen hätten »bewiesen, dass sie ein Recht haben, dem Kollektiv (also der israelischen Gemeinschaft) auch auf diesem Feld etwas beizutragen und Soldaten zu werden«, zitiert Dr. Orna Sasson-Levy, Soziologin an der Bar Ilan Universität, zeitgenössische Quellen. Israel wurde zum einzigen Staat der westlichen Welt, in dem Frauen obligatorischen Wehrdienst leisten. Heute stellen Frauen etwa dreiunddreißig Prozent der Gesamtstreitkräfte, weit mehr als in Südafrika, im globalen Vergleich mit einundzwanzig Prozent auf Rang zwei.

Doch trotz dieser Zahlen herrscht In Israels Armee keine geschlechterblinde Chancengleichheit, wie offizielle Sprecher gerne versichern. Die Rolle von Frauen in Israels mächtigsten und wichtigsten Institution ist umstritten. »Die Rollen, die Frauen in der IDF übernehmen, ändern sich«, sagt Dr. Sarai Aharoni, Gastprofessorin an der Universität von Michigan. Frauen werden zwar seit der Staatsgründung eingezogen, spielten aber lang die zweite Geige. Sie konnten sich leicht der Wehrpflicht entziehen. Verheiratete, schwangere oder sich selbst als religiös bezeichnende Frauen werden automatisch freigestellt. Nur fünfundfünfzig Prozent der wehrpflichtigen jüdischen Frauen leisten ihren Dienst ab; bei den Männern sind es fünfundsiebzig Prozent.

Anfangs erhielten Rekrutinnen »typisch weibliche« Aufgaben als Sekretärinnen, Sozialarbeiterinnen, Sanitäterinnen oder Lehrerinnen. Eine Karriere war unmöglich. Sie dienten nicht in der Reserve, im Gegensatz zu Männern, die bis zum fünfundvierzigsten Lebensjahr im Durchschnitt jedes Jahr für dreißig Tage die Uniform wieder anlegen müssen. Die Kampfpilotinnen und Kapitäninnen, die noch im Unabhängigkeitskrieg von 1948 oder im Sinai-Feldzug 1956 gekämpft hatten, wurden aus dem Dienst entlassen. »Die besten Männer gehören ins Cockpit, die besten Frauen den Kampfpiloten«, hieß die Devise, die, nur halb als Witz gemeint, einen chauvinistischen Zeitgeist reflektierte.

Das änderte sich erst mit einem Urteil des höchsten Gerichtshofs. 1995 klagte die Zivilpilotin Alice Miller auf das Recht, eine Ausbildung als Kampfpilotin absolvieren zu dürfen. Die Armee verweigerte dies mit der Begründung, dies verursache zu hohe Kosten. Das Gericht entschied zugunsten Millers – die die harte Pilotenausbildung und -prüfung dann zwar nicht bestand, aber das Denken der israelischen Armee von Grund auf veränderte. »Jetzt muss die Armee sich jedes Mal rechtfertigen, wenn sie Frauen nicht integriert«, sagt Oberstleutnant Roni Tamir, eine Soziologin, die eine Forschungsabteilung beim Berater für Frauenangelegenheiten im Generalstab leitet. »Frauen sind jetzt Teil des Ganzen. Das System hat verinnerlicht, dass sie hochwertige Rekruten sind«, sagt Tamir. Mehr als neunzig Prozent der Stellen stehen heute Soldatinnen offen, darunter vierzehn Positionen in kämpfenden Einheiten. Frauen stellen ein Drittel der Rekruten und etwa zwanzig Prozent der Berufssoldaten. Beim Grenzschutz sind zehn Prozent der Soldaten weiblich, bei der Luftabwehr oder der Artillerie liegt ihr Anteil bei zwanzig, in Rettungseinheiten bei fünfundzwanzig Prozent. Das »Caracal Battaillon«, eine leichte Infanterieeinheit, besteht zu siebzig Prozent aus Frauen. Inzwischen, so sagt Tamir, wünsche sich »die Armee mehr Kämpferinnen«.

»Es gibt einen grundlegenden Unterschied zwischen fortgeschrittenen Staaten und der Dritten Welt«, sagt Oberst a.D. Itamar Yaar, und rührt in einem Tel Aviver Kaffeehaus braunen Zucker in einen schaumigen Cappuccino. Der muskulöse Mittfünfziger war früher im Generalstab an der Personalplanung der IDF beteiligt und diente fünf Jahre lang als stellvertretender Vorsitzender des Nationalen Sicherheitsrats. »In Entwicklungsländern kann man in der Armee Karriere machen, im

Westen hingegen bieten zivile Laufbahnen bessere Chancen für sozialen Aufstieg. Hier ist die Nachfrage nach guten Rekruten höher als das Angebot.« Deswegen könnten Armeen ihre Reihen nicht mehr nur mit Männern füllen. »Die Integration von Frauen in der IDF ist nicht bloß vom moralischen und kulturellen Standpunkt her richtig, sondern eine notwendige Nutzung beschränkter Ressourcen«, sagt Yaar. Weibliche Rekruten hätten viele Vorteile: Sie seien im Durchschnitt höher motiviert, reifer und gebildeter.

»Sie sind überqualifiziert«, sagt dazu Martin van Creveld, Militärhistoriker an der Hebräischen Universität von Jerusalem. Van Creveld gilt als Enfant terrible, das keine Angst hat, für seine unpopulären Ansichten als Chauvinist angefeindet zu werden. Er reißt am liebsten versaute Witze, ein scharfer Kontrast zu den sanften Tönen der klassischen Musik im Hintergrund: »Frauen langweilen sich in ihrem Job, ihre Motivation lässt nach«, sagt er. Frauen in der Armee seien eine Verschwendung öffentlicher Gelder: »Die meisten haben niemals eine Kugel auf einen Feind abgeschossen. Was tragen sie zum Krieg bei?« Die Erfahrung der USA im Irak verdeutliche das: »Nur zwei Prozent der Gefallenen im Irak sind Frauen, trotzdem leiden zwei Mal mehr Frauen als Männer unter einem Posttraumatischen Stresssyndrom.«

Dass der Kampfgeist der israelischen Armee erheblich nachgelassen hat, macht van Creveld an zwei Ursachen fest: »Es bringt wenig Ehre, gegen Schwächere zu kämpfen, wie die libanesische Hisbollah oder die palästinensische Hamas. Es gibt nur zwei mögliche Resultate: Entweder sind wir Idioten, wenn wir nicht genug von ihnen töten, oder Verbrecher, wenn wir zu viele von ihnen töten. Eine Konsequenz ist unvermeidbar: Eine Untersuchungskommission über vermeintliche Defizite der Kampfführung, nach der in der Armee die Köpfe rollen. So kann man Soldaten nicht motivieren.« Der zweite Grund für die mangelnde Moral der Truppe sei die Präsenz von Frauen, sagt der Militärhistoriker: »Männer denken: Wenn eine Frau hier mitmacht, kann es keine Eliteeinheit sein. Das schadet dem Kampfgeist.«

Befürworter der Frauenintegration wie Yaar bestätigen, dass viele Offiziere wie Creveld denken, nur ist er einer der wenigen, die es offen aussprechen: »Alte Männer sind gefährlich. Sie haben nichts zu verlieren«, sagt Creveld und grinst. Jaakober, die Kommandantin der Hawk-Flugabwehr, widerspricht: »Meine Soldaten haben überhaupt kein Problem damit, dass ich als Frau ihnen Befehle gebe. Soldaten treffen Soldatinnen vom ersten Tag an als Ausbilderinnen, Offiziere. Es ist in der IDF inzwischen selbstverständlich, Frauen in Kampfeinheiten zu sehen.« »Van Creveld steht für veraltete Stereotype, die an Rassismus grenzen«, sagt auch Oberstleutnant a. D. Dr. Zeev Lerer, Soziologe an der Universität Tel Aviv und ehemaliger Leiter der Forschungsabteilung des Beraters für Frauenfragen im Generalstab.

Im Jahr 2008 befand eine Kommission der Armee, »dass Frauen in jede Einheit integriert werden sollten, aber wirklich jede. Wir sollten unsere Rekruten aufgrund individueller Fähigkeiten und nicht aufgrund ihres Geschlechts einteilen«, zitiert Lerer den Bericht. Diese Integration von Frauen bringe Vorteile. Laut Sasson-Levy ist die Motivation in gemischten Offizierskursen höher. Oberst a. D. Itamar Yaar sagt, dass »sexuelle Spannungen in gemischten Kompanien das Konkurrenzdenken der Männer fördern. Sie bemühen sich mehr, sie wollen sich hervortun, als Helden beweisen.« Gleichzeitig finde in gemischten Kompanien besseres Teamwork statt. »Verschiedenere Ansichten kommen zu Wort. Als Kommandant im Feld habe ich das zu schätzen gelernt«, sagt Yaar, der unter anderem eine Panzerbrigade befehligte. Seit 2003 werden Rekruten und Stabsoffiziere in der IDF in gemischten Kursen ausgebildet, nur Spezialeinheiten und schwere Infanterie halten die Geschlechtertrennung aufrecht.

Dr. Aharoni meint, dass Soldatinnen der Grund für eine Besonderheit der israelischen Armee seien: »Ohne Frage ist die israelische Besatzung für die Palästinenser schrecklich. Aber es fehlt eine Komponente, die für Besatzungen andernorts typisch ist: Israelische Soldaten wenden keine sexuelle Gewalt gegen Palästinenserinnen an. Das könnte daran liegen, dass sie in ihren Einheiten ständig mit Frauen zu tun haben.« »Das liegt daran, dass die Soldaten sich in den Kasernen sexuell austoben können«, meint hingegen Creveld. Für palästinensische Männer hingegen, die in einer von Männern dominierten Gesellschaft aufwachsen, ist die Präsenz der Soldatinnen oft erniedrigend: Immer wieder veröffentlichen palästinensische Medien, halb mit Abscheu, halb mit prickelnder Erregung, Berichte über vermeintliche Schreckenstaten der Kämpferinnen. Ein Bericht während der Zweiten Intifada erzählte von einer Sondereinheit, deren Kämpferinnen sich auf Panzern entkleideten, um Jugendliche anzulocken. Seien die tugendhaften palästinensischen Widerstandskämpfer erst nah genug, zögen die Soldatinnen Pistolen aus ihren Höschen und schössen.

Diesen Mären zum Trotz scheint die Armee das Problem sexueller Gewalt gut unter Kontrolle zu haben: »Eine achtzehn Jahre alte Frau ist in der IDF besser aufgehoben als draußen«, meint Oberstleutnant Tamir. Das stehe im Gegensatz zu anderen Armeen, wo Frauen öfter von ihren Kameraden als von Gefechten traumatisiert werden. Keine der Interviewpartnerinnen hatte ein Beispiel sexueller Nötigung oder offenen Sexismus parat: »Die Männer bringen uns großen Respekt entgegen«, sagt die kecke einundzwanzig Jahre alte Sarah Naor.

Frauen stellen nur etwa drei Prozent der Kampfeinheiten. Dies und die kürzere Wehrpflicht tragen dazu bei, dass die Glasdecke für die Beförderung in der IDF weiterhin besteht: »Im Rang Hauptmann sind vierundzwanzig Prozent Frauen, im Rang Oberstleutnant sind zwölf Prozent weiblich, bei den Obersten sind es nur noch 4,4 Prozent«, sagt die Soziologin Sasson-Levy. Nur drei Frauen erreichten bisher den Rang eines Brigadegenerals. Dennoch weist der Trend vorerst in Richtung mehr Integration. »In Einheiten, die auf Hightech setzen und in denen physische Kraft nicht mehr entscheidend ist, spielen Frauen zunehmend eine Rolle«, meint Tamir. Diese Integration stellt die Armee vor viele Herausforderungen: »Man kann sie nicht einfach in überwiegend männliche Einheiten packen. Es bedarf besonderer Planung«, sagt Lerer. »Man muss in besondere Ausrüstung investieren, von kleineren Schuhgrößen für Kampfstiefel über neue Sitze in Kampfflugzeugen bis zu Trainingsprogrammen, die sich der Physiologie der Frauen anpassen«, sagt Yaar. Doch solange Frauen ein Jahr weniger dienen als Männer, weigern sich viele Einheiten, diese Investitionen zu tätigen: »Für eine Kampfeinheit, deren Soldaten fast ein Jahr ausgebildet werden, rentiert es sich nicht, Frauen aufzunehmen. Sie dienen zu kurz«, sagt Yaar. In kleinen Eliteeinheiten und da, wo man auf engstem Raum lange Zeit zusammenarbeiten muss, wie in Panzern oder U-Booten, hätten sich gemischte Einheiten als problematisch erwiesen: »Man kann Frauen und Männer nicht tagelang gemeinsam in einem Panzer einsperren. Das geht schief«, meint Yaar.

Dennoch ist er überzeugt: »Der Aufwand, Frauen zu integrieren ist groß, aber er lohnt sich.«

Der Mörder mit dem Babyface

Das bekannteste Stereotyp über Palästinenser:
Als Kinder werfen sie Steine, später sprengen sie
sich in die Luft. Über einen Mann, der fast zum
Selbstmordattentäter geworden wäre

Nidal Sabhi Abdel Haq ist ein richtig sympathischer Kerl. Der stattliche Bauch suggeriert Gemütlichkeit, er hat eine Knubbelnase, sinnliche Lippen, eine schimmernde Glatze und ein gewinnendes Lächeln. Er spricht mit leiser Stimme, ihr Klang wirkt fast schüchtern. Der Klingelton auf dem Handy des neunundzwanzig Jahre alten Mannes ist das Lachen eines Babys. Er behandelt seinen Vater mit Respekt, reicht seinen Gästen süßen schwarzen Kaffee und Tee, seine braunen Augen sind voller Liebe, wenn er von der Frau spricht, die er vor wenigen Wochen geheiratet hat. Nidal beherrscht drei Sprachen, und obwohl er Palästinenser ist, studierte er für sein Diplom in »Internationalen Beziehungen« an der Hebräischen Universität in Jerusalem. So jemanden wünscht man sich als Nachbarn, wäre da nicht ein kleiner Haken: Das nette Babyface mit dem schwarzen Stoppelbart gehört einem gescheiterten palästinensischen Selbstmordattentäter. Fast hätte Nidal im Juni 2003 mitten in Tel Aviv einen Sprengsatz gezündet und zig unschuldige israelische Zivilisten mit sich in den Tod gerissen.

Im Jahr 2000, als die Zweite Intifada begann, war Nidal achtzehn Jahre alt: »Das Leben hier in Nablus wurde immer unerträglicher. Wir wurden von der israelischen Armee förmlich belagert, die Stadt war ein großes Gefängnis«, sagt er, und plötzlich blitzt kalter Hass in den warmen braunen Augen auf. »Sie überfielen unsere Stadt jeden Tag, stahlen unser Land. Sie durchsuchten unsere Wohnung. Im Fernsehen sah man täglich, wie die Armee Frauen und Kinder ermordete.« Das Blutvergießen ereignete sich nicht bloß auf dem Bildschirm. Die Wohnung der Abdel Haqs liegt auf einer Anhöhe, nahe der Stadtmitte, direkt neben dem Friedhof von Nablus: »Jeden Tag gab es nebenan eine neue Beerdigung«, sagt Nidal.

Eines Tages beschloss er deswegen, der *Muqawama*, dem »bewaffneten Widerstand«, beizutreten. Für viele Palästinenser sind die Mitglieder der *Muqawama* Helden ihres Freiheitskampfs. In Augen der Israelis sind sie Terroristen, weil sie nicht nur Soldaten, sondern auch Frauen und Kinder töten. Nablus war damals voll mit jungen Männern, die sich vermummten, Waffen trugen und erklärten, einer patriotischen Widerstandsgruppe anzugehören. In manchen Fällen war das nur ein dünn verhüllter Deckmantel für kriminelle Aktivitäten: Wer eine Waffe hatte, erpresste manchmal Schutzgeld und terrorisierte außer den Israelis auch seine Nachbarn. Doch Nidal will ein echter Freiheitskämpfer gewesen sein: »Es war reine Ideologie, ich habe ja nicht einmal ein Gehalt erhalten und hatte keine Waffe.«

»Ich will nicht ins Detail gehen«, sagt er über seinen Weg in den Untergrund. »Ich kontaktierte einfach jemanden von der *Muqawama*.« So jemanden zu finden war damals nicht schwer: »Sie waren jeden Tag nebenan auf dem Friedhof, um eines ihrer Mitglieder zu begraben. Ich ging einfach auf einen zu und bat darum, aufgenommen zu werden. Sie überprüften ein paar Tage meinen Hintergrund, um sicherzustellen, dass ich kein Spitzel war. Dann gehörte ich dazu.« Der israelische Geheimdienst liefert eine andere Version: Demnach habe Schadi al Haq, ein Verwandter Nidals, ihn für den Widerstand angeheuert.

Nidal schweigt sich darüber aus, welcher Terrororganisation er sich anschloss. Am Tag seiner Festnahme wurde gemeldet, er gehöre den Al-Aqsa-Brigaden an, dem bewaffneten Arm der säkularen Fatah-Partei. Laut Angaben des israelischen Strafvollzugs ist er Mitglied der sozialistischen Volkswiderstandskomitees. In israelischen Gefängnissen müssen Palästinenser sich für eine von vier Sektionen entscheiden: eine Fatah-Sektion, eine Hamas-Sektion, eine kommunistische Sektion und eine Sektion des Islamischen Dschihads. Die Anhänger werden getrennt, um Kämpfe zwischen den Insassen zu vermeiden. Nidal entschloss sich laut eigenen Angaben für den Trakt der radikal-islamischen Hamas: »Ich wuchs in einem religiösen Haus auf, deswegen passte mir das am besten.« Das erklärt vielleicht seine Verschwiegenheit: Die Palästinensische Autonomiebehörde stellt den Anhängern der Hamas entschlossen nach. Sie fürchtet sie als politische Rivalen: »Unter den Palästinensern gibt es eine tiefe Spaltung, ich bin nur ein Mann des Volkes«, sagt Nidal deswegen diplomatisch. Doch er hat offensichtlich viel für die Islamisten übrig: »Mir gefällt, dass ihre Charta Teile des Korans übernommen hat, und dass sie so demokratisch ist. Sie beraten über alles und fällen Entscheidungen gemeinsam.«

Egal welcher Gruppe sich Nidal anschloss – er wusste, dass er von nun an auf der Abschussliste des israelischen Geheimdiensts stand. Trotzdem hatte er keine Angst. »Gefährlicher als mein Alltag konnte das ohnehin nicht sein: Hier wurden Menschen nicht nur bei Demonstrationen erschossen, sondern auch einfach so auf der Straße, oder wenn sie im falschen Augenblick aus dem Fenster schauten. Die Besatzer können jederzeit tun und lassen, was sie wollen.«

Nidal ist anfangs vorsichtig, wenn er von seiner Aufgabe bei der *Muqawama* spricht: »Ich war für Logistik verantwortlich«, sagt er geheimnisvoll. Dabei lehnt er sich auf dem großen Sofa zurück, das angesichts der vielen Löcher im Chintz wohl schon bessere Tage gesehen hat. Auch das Altrosa an den Wänden des Gästewohnzimmers leuchtete ursprünglich in einem helleren Ton. Die

Männer des Hauses haben sich für das Interview im Zimmer versammelt. Die Frauen werkeln ungesehen in der Küche, während Nidals Vater und die kleinen Brüder ihm gegenüber sitzen und an seinen Lippen hängen. Sie verlassen das Wohnzimmer nur unwillig, um für den Gast aus dem Ausland ein Tablett mit dampfendem Kaffee oder Tee zu bringen.

»Ich erzählte meinen Eltern nichts von meiner Mitgliedschaft, das ist Geheimsache. Ich schlief weiter zu Hause und half meinem Vater dabei, Zeitungen auszutragen«, sagt Nidal. Das sei so üblich, meint Dr. Anat Berko, eine israelische Kriminologin, die ihr Leben der Erforschung von Selbstmordattentätern gewidmet hat und die gescheiterten Attentäter jahrelang in israelischen Gefängnissen interviewte: »Es gibt zwar allgemein viel Anerkennung für Attentäter, aber die meisten Familien wollen nicht, dass ihr eigener Sohn ein Attentat begeht. Insgeheim gilt es als Armutszeugnis für die Eltern, wenn eine Terrororganisation unbemerkt in die Familie eindringen und das Kind für ihre Zwecke missbrauchen kann«, sagt die energische kleine Frau mit den braunen Augen und dem strengen schwarzgrauen Zopf. Ihre Suche nach dem gemeinsamen Nenner aller Selbstmordattentäter förderte nur zwei Merkmale zutage: »Sie sind selten die beliebtesten ihrer Altersgruppe, sondern eher Mauerblümchen, die nach Aufmerksamkeit lechzen. Und sie haben fast alle eine schwache Vaterfigur.« Letzteres könnte bei Nidal stimmen: »Ich hatte keine Ahnung«, bestätigt der Vater, der noch schüchterner ist als sein Sohn, nach langem Überlegen.

Unter einem Mantel der Verschwiegenheit wurde Nidal zur lebendigen Bombe ausgebildet: »Die Vorbereitung für ein Selbstmordattentat findet auf zwei Ebenen statt: Die technische Seite ist einfach. Man legt den Sprengstoffgürtel an und drückt auf einen Knopf. Wie lang braucht man schon, um das zu lernen?«, fragt Nidal mit funkelnden Augen, und lacht über seinen absurden Witz. »Die Vorbereitung auf der geistigen Ebene ist schwieriger. Man muss sich wochenlang seelisch darauf einstellen, sich selbst aufzuopfern.« Angst habe er keine gehabt, schließlich gehe ein *Schahid* – Märtyrer – »sofort ins Paradies«. Doch im Gegensatz zu anderen gescheiterten Attentätern, die, so sagt Berko, »das islamische Paradies oft so plastisch beschreiben, als hätten sie es mit eigenen Augen gesehen«, behauptet Nidal: »Ich dachte nicht an zweiundsiebzig Jungfrauen, die auf mich im siebten Himmel warten. Ich wollte der Welt eine Botschaft übermitteln, vom Willen nach Freiheit und einem normalen Leben, und dass mein Volk am Widerstand gegen die Besatzung festhält.«

Am 25. Juni 2003 war es so weit. Ein anderes Mitglied der Terrororganisation, Muhammad Ramadan, holte Nidal mit einem Wagen aus Nablus ab und gab ihm den Sprengstoffgürtel: »Unser Ziel war Tel Aviv, ich sollte mich dort mit

Soldaten in die Luft sprengen«, sagt Nidal, der plötzlich gesprächiger geworden ist, und beteuert: »Ich hatte es nicht auf Zivilisten abgesehen.« Das wäre eine Ausnahme gewesen. Die meisten palästinensischen Attentate trafen israelische Zivilisten: Schüler, Studenten, die Insassen öffentlicher Busse. Doch Nidal wurde auf halbem Weg der dreiundvierzig Kilometer langen Strecke von Nablus nach Tel Aviv abgefangen. Die Terrorzelle flog in Kafr Kassem auf: »Jemand hatte uns verraten. Plötzlich war ein Hubschrauber über uns, dann waren wir umzingelt«, beschreibt Nidal trocken den »bedrohlichsten Augenblick meines Lebens«.

Nidal weiß nicht, wer der Spitzel war, der ihn den Israelis auslieferte und so sein Leben rettete: »Ich habe keine Meinung über den Mann, der mich verraten hat. Aber er hat mich nicht gerettet. Mein Leben ist nicht in meiner Hand, sondern liegt in Händen Allahs. Ich bin dem Verräter nicht böse, ich denke einfach nicht über ihn nach«, sagt Nidal, und faltet die Hände im Schoß. Nidals Handy klingelt, was die Gelegenheit bietet, ein paar Worte mit dem stillen Vater zu wechseln: »Ich erfuhr erst am Morgen der Verhaftung, dass mein Sohn im Widerstand ist, aus dem israelischen Staatsradio. Ich war sehr überrascht. Es gab keine Anzeichen dafür.« Papa druckst, wenn man ihn fragt, was er beim Hören der Nachricht empfand. Er sucht stockend nach Worten, lehnt seinen Kopf zur Seite und zuckt mit den Achseln, als wüsste er nicht, wie er antworten soll: »Ich war traurig, auch meine Frau. Wir hatten das Gefühl, unser Kind verloren zu haben.« Manche Nachbarn kamen, um Beistand zu leisten, andere gratulierten ihm zu seinem »Helden«. Ganz selbstverständlich sei er stolz auf seinen Sohn, aber seine drei anderen Söhne und drei Töchter will er nicht bei einer Terrororganisation wissen: »Ein Kind im Widerstand genügt.« Die neunjährige Haft in einem israelischen Gefängnis brachte zumindest einen Vorteil: »Als er freikam, war es sehr leicht, eine Braut für ihn zu finden. Meine Frau suchte sie für ihn aus. Eine Nachbarstochter war ganz versessen darauf, Nidal zu heiraten.«

Nidal ist wieder in den Salon zurückgekommen. Die Frage, ob Selbstmordattentate langfristig nicht dem Image der Palästinenser geschadet haben, macht ihn fuchsig: »Warum sprechen wir über meine Aktion und nicht darüber, was die Israelis den Palästinensern antun? Wir reagieren doch nur«, sagt Nidal erregt. Er zückt sein Handy und sucht nach Bildern: »Schau, so sah diese Wohnung vor zwanzig Tagen aus, als die Soldaten hier um zwei Uhr nachts hereinstürmten, um sie zu durchsuchen.« Die Bilder zeigen ein heilloses Durcheinander: Kein Stuhl steht aufrecht, Kleider türmen sich auf umgestürzten Möbeln, Töpfe liegen in der Küche auf dem Boden. Wer immer die Wohnung durchsucht hat, hinterließ die Zimmer in einem erbärmlich chaotischen Zustand. »Ich kann verstehen, warum es manche stört, wenn Kinder bei unseren Aktionen ums Leben kommen«, sagt Nidal, nachdem er sich beruhigt hat: »Aber es war wichtig, ein Signal an die Welt zu senden, klarzumachen, dass man palästinensische Kinder nicht ungestraft töten kann.« Immer wieder beteuert der Fast-Attentäter, dass er Israelis nicht hasse: »Ich kannte sie noch aus der Zeit vor der Intifada, aber nur oberflächlich. Auf Schulausflügen nach Tel Aviv, Jerusalem, Haifa oder Jaffa bin ich Israelis begegnet. Ich war immer höflich. Sie sind doch auch nur Menschen. Ich begegne allen Menschen mit Respekt«, sagt der freundliche junge Mann, der fast inmitten einer Menschenmenge einen Sprengsatz mit Stahlkugeln, Muttern und Schrauben zündete, der die Menschen in seinem Umkreis in Stücke gerissen hätte.

Neun Jahre Haft vertieften Nidals Wissen über die Gesellschaft, gegen die er kämpfen wollte. Er lernte Hebräisch, las täglich israelische Tageszeitungen, belegte einen Fernlehrgang an der Hebräischen Universität: »In Haft habe ich verstanden, dass Israel wie Palästina ist – es gibt säkulare, religiöse und machiavellistische Israelis. Ich habe heute kein Problem mit dem Staat Israel per se – nur mit der Besatzung. Israel ist ein unveränderbarer Fakt, aber sie sitzen auf unserem Land und lassen uns nicht unseren Staat aufbauen. Sie würden mich nicht stören, wenn sie sich auf die Grenzen von 1967 zurückzögen und mir eine Chance gäben, in meinem eigenen Staat zu leben«, sagt

Nidal, klingt versöhnlich und so gar nicht wie ein Hamas-Aktivist.

Im Oktober 2011 einigten Israel und die Hamas sich auf einen Gefangenenaustausch. Israel entließ tausendsiebenundzwanzig palästinensische Häftlinge, damit der 2006 entführte Soldat Gilad Schalit heimkehren konnte. Das schenkte Nidal nach neun Jahren Haft unerwartet früh die Freiheit: Eigentlich hatte ein israelisches Gericht ihn für versuchten Massenmord zu neunundneunzig Jahren Haft verurteilt. Heute blickt Nidal in die Zukunft. Er habe noch immer dieselben Träume wie damals: »Ich will eine Familie, will weiter studieren, ich will meinem Volk dienen.« Nidal betont, dass er nichts aus seiner Vergangenheit bereue. Dennoch habe er vorerst »vom Widerstand genug gehabt«. Der Frage, zu welchen Werten er seine Kinder erziehen wolle, weicht er aus: »Meine Kinder? Ich werde meinem Sohn alles erklären, was um ihn herum geschieht. Ich werde ihn weder dazu ermutigen noch ihn davon abhalten, der *Muqawama* beizutreten. Das ist seine Entscheidung. Ich fühlte damals, dass ich keine andere Wahl hatte.«

Nidal muss sich noch an die Neuerungen nach neun Jahren Haft gewöhnen: »Früher brachte man in unserer Gesellschaft Aktivisten und Exhäftlingen großen Respekt entgegen. Das hat sich verändert«, sagt er enttäuscht. Manche seiner Bekannten wollen aus Angst vor Repressalien nichts mehr mit ihm zu tun haben. Nicht nur die Israelis sind hinter Leuten wie Nidal her: Auch die Palästinensische Autonomiebehörde und jordanische Sicherheitsdienste machen Nidal das Leben schwer. Der gesellschaftliche Wandel in Nablus hat ihn überrascht: »Frisuren und Mode von Frauen und Männern sind ganz anders. Kerle tragen jetzt hier so tiefe Jeans, dass man sogar ihre Unterhosen sehen kann!« Als gläubiger Muslim wuchs er in der arabischen Tradition auf, die Hunde als unreine Tiere betrachtet, von denen man sich am besten fernhält. Es war deswegen der Einzug einer westlichen Gewohnheit, die Nidal nach der Rückkehr nach neun Jahren Haft am meisten verblüffte: »Der Anblick meines Nachbarn, der seinen Hund spazieren führt, hat mich schockiert!«, sagt er. Dem verhinderten Selbstmordattentäter scheint so etwas verrückt.

Tabus und Turteltäubchen

Liebe ist in Palästina, wie überall in Arabien, ein heikles Thema. Dennoch vergnügen Männer und Frauen sich im stillen Kämmerlein gerne miteinander. Ein Blick hinter keusche Kulissen

Trockener kann eine Liebesgeschichte kaum klingen: »Meine Arbeit interessierte mich damals mehr als alles andere. Aber meine Mutter, Tanten und Schwestern bestanden darauf, dass die Zeit gekommen sei, eine Frau zu finden. Also ließ ich sie für mich suchen«, sagt Tariq Tamimi. Der siebenundvierzig Jahre alte Journalist aus Hebron ist einen Meter achtzig groß. Mit seinen bestechenden blauen Augen, dem grau melierten Haar und dem gewinnenden Lächeln sieht er aus wie die palästinensische Ausgabe von Alec Baldwin. »Die Erste Intifada hatte gerade begonnen, wir arbeiteten wie verrückt. Ich war siebenundzwanzig Jahre alt und verdiente richtig gutes Geld. Wer hatte da Zeit, an Liebe zu denken?«, sagt Tariq. Doch der Druck der Familie ließ nicht nach, besonders als Tariqs Eltern eine passende Braut für ihn gefunden hatten. »Ich nahm mir einen Abend frei, um mit meinen Eltern gemeinsam ins Haus ihrer Eltern zu gehen. Sie war sehr nett, sehr höflich«, beschreibt Tariq seine Lebensgefährtin und gibt sich dabei sichtlich große Mühe, positiv zu klingen.

»Zwei Monate lang trafen wir uns jeden Tag, um uns besser kennenzulernen. Dann beschlossen wir, zu heiraten.« Laut manchen Schätzungen – offizielle Statistiken gibt es nicht – werden rund sechzig Prozent der Ehen in Palästina von Eltern arrangiert. So war es für Tariq ganz normal, sich mit der Wahl seiner Eltern zufriedenzugeben: Seine Frau Khulud stammt wie er aus einer gutbürgerlichen, alteingesessenen Hebroner Familie, ist stolz auf ihren Besitz und ihren guten Ruf: »Ihr Vater ist ein Rechtsanwalt, ihre Mutter Lehrerin, ihre Brüder Ingenieure«, betont Tariq mit unverhülltem Stolz. »Es war eine ›soziale Ehe‹. Dabei geht es um die Beziehungen zwischen zwei Sippen, zwischen denen ein Vertrag abgeschlossen wird, nicht um Liebe.«

So etwas hört Dr. Amer Badran gar nicht gern. Der Zahnarzt aus Ramallah hat eine sanfte Seele, die er in den selbst gemalten Gemälden in seinem weiß-orange-gelb angestrichenen Wartezimmer zur Schau stellt. Die dick aufgetragene Farbe erinnert entfernt an die Werke Lucian Freuds, doch Badrans Motive sind nicht Menschen, sondern Schriftzüge und Landschaften. »Unser Land ist bedroht, deswegen finden sich in unserer Kunst, auch wenn es um Liebe geht, viele Bezüge zu unserer Geografie.« Palästinenser wollen in Worten festhalten, was ihnen in der Realität aus den Händen zu gleiten droht. Ein großer Teil palästinensischer Poesie ist dem politischen Alltag gewidmet: »Heute schrieb ich ein Gedicht über einen Mann, der Kaffee trinkt. Oft trinkt man hier seine Tasse nicht leer, um im Kaffeesatz die Zukunft zu lesen. Aber mein Protagonist hat keine Hoffnung, keine Liebe, er trinkt den Kaffee in einem Schluck, er will nur seinen Durst stillen. Es geht ihm um die Gegenwart, er glaubt nicht an die Zukunft«, sagt Badran, der, wenn er mit Wurzelbehandlungen fertig ist, der palästinensischen Gesellschaft als mehrfach publizierter Poet mit Gedichten und Balladen auf den Zahn fühlt.

Dennoch stehe natürlich auch bei Palästinensern die Liebe zwischen Menschen im Vordergrund ihres künstlerischen Schaffens: »Gedichte sind nicht bloß ein Mittel des Befreiungskampfs. Wenn ein Dichter Liebe nur als nationales Thema behandelt, dann ist er ein Lügner oder Heuchler. Menschen sind Menschen, und Liebe ist Liebe. Als ein Volk, das ständig im Krieg lebt, hat die Liebe bei uns vielleicht sogar eine größere Bedeutung als andernorts. Man erfährt Liebe intensiver, weil die Zukunft so unsicher ist; weil man jeden Augenblick daran denken muss, dass man seinen Liebhaber verlieren könnte«, sinniert Badran.

Tabus kenne die arabische Poesie nicht, behauptet Badran: »Schon Abu Nuwas schrieb, was er wollte.« Abu-Nuwas al-Hasan Ibn Hani al-Hakami (756–814), bekannt aus den Märchen von Tausendundeiner Nacht, könnte mit seinen Gedichten tatsächlich selbst heute noch den weltoffensten Literaturkritiker zum Erröten bringen: Zum Repertoire des persisch-arabischen Dichters gehörten harmlose Themen wie Liebe und Alkohol, aber auch Masturbation, Liebe zu kleinen Jungen und Oden an die Vergewaltigung: »Höre was von Liebe dir und Wein der Dichter singt / Höre goldn'e Lehre, die aus seinem Munde klingt: Denn die zweie sind des Lebens Glückeselixier / Welche labend jedes Erdensohnes Herz durchdringt«, heißt es an einer Stelle. »Für junge Burschen habe ich die Mädchen hinter mir gelassen, und für alten Wein klares Wasser aus meinen Gedanken verdrängt«, steht andernorts, trotz des Alkoholverbots im Islam. »Ich möchte aus Liebe zu ihm sterben / perfekt in jeder Hinsicht / meine Augen haften an seinem entzückenden Körper«, schrieb Abu Nuwas in einem weiteren Gedicht. Doch Badran verschweigt das Ende Abu Nuwas', der wegen eines Spottgedichts von einer persischen Familie zu Tode gefoltert wurde. Auch heute scheint es ratsam, die Themen, die Abu Nuwas so unbekümmert beschrieb, nicht anzurühren. Dabei sollten palästinensische Dichter gar nicht in Versuchung kommen, anzügliche Dinge zu schreiben, denn, so meint Badran: »In Palästina stößt Liebe immer auf Probleme – sie bleibt unerfüllt, weil die Besatzung sie unmöglich macht. Aber dafür bleibt sie auch perfekt, ist immer wunderschön, weil sie nicht vom Alltag zerstört wird. Mahmud Derwisch, Palästinas wichtigster Dichter, wollte deswegen nur den Anfang der Liebe.«

»Von wegen!«, meint dazu Badir (Name von der Redaktion geändert). Mit der Idee der unerfüllten Liebe kann der palästinensische Playboy aus Ramallah nichts anfangen. Cool schnippt er die Asche von der Zigarette und lehnt sich lässig in seinem Stuhl zurück. Seine tiefe Stimme durchdringt den Lärm lachender, heiter diskutierender junger Menschen im Jasmine, einer beliebten Wasserpfeifenbar in Ramallah, die zu dieser späten Stunde brechend voll ist. Das Schicksal scheint den jungen Journalisten mit Kübeln von Charisma und Selbstsicherheit überschüttet zu haben. Badir ist ein sprühender Geist Anfang dreißig, schon ein wenig übergewichtig, mit Stoppelbart und kurz geschnittenem Haar. »Man kann auch in Palästina außerehelichen Sex haben«, sagt Badir und behauptet, aus Erfahrung zu sprechen. »Nur muss alles vorher minutiös besprochen werden. Die Jungfräulichkeit der Frau darf auf keinen Fall angetastet werden, aber es gibt ja noch viele andere Optionen.« Die müsse man in mühseliger, wenn auch erfreulicher Kleinarbeit selber herausfinden, da es »in palästinensischen Schulen keine Sexualkunde gibt«. Solche vorübergehenden Liebschaften lerne man über gemeinsame Bekannte kennen: »Das Schwerste daran ist, dass man später niemandem etwas davon erzählen darf, es muss absolut geheim bleiben. Denn es würde nicht nur der Frau schaden – kein Mann würde sie mehr heiraten wollen, ihre Familie würde sie, um der Ehre willen, vielleicht sogar ermorden. Aber auch für Männer sind Liebeleien vor der Ehe gefährlich, wenn etwas darüber den

Eltern der Braut vor der Hochzeit bekannt wird«, sagt Badir.

Der geradlinige Tariq kennt solche Tricks nicht: »Generell fehlt Palästinensern der Zugang zu Sex.« Bevor es zur Hochzeitsnacht kam, musste er seinen zukünftigen Schwiegereltern erst einmal beweisen, dass er eine Familie versorgen kann: »Nach palästinensischem Brauch muss der Bräutigam seiner Braut Gold schenken, etwa vierhundert Gramm.« Außerdem musste Tariq seine Zukünftige mit einer neuen Garderobe ausstatten: »Normalerweise geht die Braut mit ihrer Schwiegermutter einkaufen. Aber ich gab meine Kreditkarte lieber Khulud. Ich wusste, das wird für mich billiger, als wenn meine Mutter mitgehen würde«, lacht Tariq. Kurz danach heiratete er: »Wir waren beide fürchterlich aufgeregt. Trotzdem funktionierte in der Hochzeitsnacht alles wunderbar.«

Auch der Schürzenjäger Badir muss inzwischen von seiner Beute lassen, er ist neuerdings verheiratet. Das Ende seiner Casanova-Laufbahn begann auf einer Party am 10. Juni 2001: »Ich sah sie und erkannte sofort: Sie war das schärfste Mädel vor Ort. Also wurde sie das Ziel, zumindest für den Abend«, sagt Badir, und kehrt zum offensichtlichen Amüsement seiner Ehefrau Fatima (Name von der Redaktion geändert) den Macho raus. Sie war damals sechzehn, er einundzwanzig: »Minderjährig? Den Begriff gibt es bei uns nicht«, sagt Badir. Er ging schnurstracks auf Fatima zu, über eine differenzierte Anmache zerbrach er sich nicht den Kopf: »Du magst mich!«, war sein erster Satz. »Ne, gar nicht«, lautete ihre Antwort. »Ich glaube, das solltest du dir noch mal überlegen.« Und so ging es den Abend lang hin und her, der Grundstein war gelegt.

»Drei Monate später läutete bei uns zu Hause das Telefon«, sagt Fatima, eine Freundin war am anderen Ende. Nachdem ihre Mutter ihr den Hörer überreichte, meldete sich plötzlich Badir: »Meine Mutter stand neben mir, und er sagte mir: Lass dir nicht anmerken, dass ich es bin. Das war ganz schön aufregend. Ich war gleichzeitig glücklich und ziemlich ängstlich«, sagt die junge Versicherungskauffrau mit den langen pechschwarzen Haaren und sinnlichen braunen Augen. »Man darf als fremder Mann nicht einfach bei einer Frau anrufen. Sie würde dann ganz schön tief in der Patsche sitzen«, erklärt Badir seine indirekte Taktik, die so gar nicht zu seiner selbstsicheren Offenheit passt. Der junge Journalist und die Schülerin begannen sich heimlich zu treffen: »Solange man nicht verlobt ist, sind solche Treffen verboten. Deswegen mussten wir sehr vorsichtig sein«, sagt Badir. »Das machte alles für mich nur aufregender«, sagt Fatima mit einem verschwörerischen Lächeln. Nach mehreren Monaten konnte sie ihr Geheimnis nicht mehr für sich behalten und erzählte es ihrer Tante, die es der Mutter weitersagte: »Mama war ziemlich cool und sagte: Ich will den Mann kennenlernen, bevor du dich weiter mit ihm triffst. Sie trafen sich, und sie mochte ihn. Bei unserem nächsten Date gab sie mir ein Geschenk, das ich ihm in ihrem Namen überreichte.« Badir lacht, als er sich daran erinnert: »Ja, sie sagte mir damals, ich solle auf Fatima aufpassen, als sei sie meine kleine Schwester. Na klar!«, sagt er ironisch, und beide prusten vor Lachen. Später ging Badir für sechs Monate zum Studieren in die USA, die zwei hielten losen Kontakt: »Ich schickte ihr immer wieder Geschenke. Ich hatte ein schlechtes Gewissen, weil ich dort laufend andere Beziehungen hatte«, sagt Badir, und Fatima lächelt. Fast scheint es, als wäre sie stolz, dass der Macho neben ihr letztlich bei ihr hängen geblieben ist: »Ist mir völlig egal, was er vor unserer Hochzeit mit anderen Frauen anstellte«, beteuert sie. Vier Jahre lang hielten sie diese einseitig offene Beziehung aufrecht, bevor Badir »verstand, dass ich sie liebe. Das hat bei mir ziemlich lang gedauert, weil ich so viele andere Beziehungskisten hatte.«

Tariq hingegen begriff sofort den Unterschied zwischen dem, was er für seine Frau empfand, und dem, was ihm im Jahr 2002 jäh widerfuhr: »Ich hatte einen privaten Fernsehsender, und Sahar bewarb sich um einen Job als Nachrichtensprecherin.« Nach dem Gespräch bekam Tariq die junge Frau mit dem schwarzen Haar und den hellblauen Augen nicht mehr aus dem Kopf: »Ich wollte vor der Wahrheit flüchten. Schließlich war ich bereits verheiratet, hatte eine Familie. Wenn es dabei geblieben wäre, hätte ich mich nie be-

klagt. Meine erste Frau ist völlig in Ordnung.«
Doch eines Tages mussten Tariq und Sahar sich
der Realität stellen: »Wir waren gemeinsam bis
spät bei der Arbeit – ich fuhr sie nach Hause.
Damals verstanden wir, dass wir nicht mehr getrennt voneinander leben können.«

Der Islam hat für solche Zustände eine im
Westen unbekannte Lösung parat: Tariq dürfte
eigentlich bis zu vier Frauen heiraten. »Unter urbanen, gebildeten Palästinensern ist es aber sehr
schlecht angesehen, mehr als eine Frau zu ehe-
lichen. Das widerspricht unserer modernen Le-
bensauffassung und gilt als primitiv.« Auch Sahar, eine liberale, gebildete Frau von Welt, konnte
sich anfangs nur schwer vorstellen, freiwillig zu
einer »Zweitfrau« zu werden. »Aber das war die
einzige Lösung für unsere Liebe«, sagt Tariq. Im
Gegensatz zum Nationaldichter Mahmud Derwisch gibt der Journalist sich nicht bloß mit An-
fängen zufrieden: »Ich will die ganze Liebe, nicht
nur den Beginn. Alle Träume dieser Welt können
sich doch nicht mit einer Nacht mit meiner Herz-
allerliebsten vergleichen.«

Tariq und Sahar heirateten heimlich, Khulud
und Tariqs Bekannte erfuhren davon erst post
factum: »Sie war natürlich tief getroffen und sehr
böse auf mich. Auch meine Mutter mochte den
Gedanken nicht, dass ich mir eine zweite Frau ge-
nommen habe. Sie stand hinter Khulud. Ich kann
niemandem einen Vorwurf machen, ich kann sie
gut verstehen. Schließlich habe ich ihr wehgetan«,

sagt Tariq und blickt betreten zu Boden: »Es tut mir so leid, dass ich sie nicht lieben kann, obwohl ich sie als Mensch sehr schätze. Sie ist die Mutter meiner Kinder und ein guter, treuer Freund. Ich respektiere sie sehr, und ich will auch heute noch alles tun, um diese Situation für sie so erträglich wie möglich zu machen. Sie ist mein Opfer«, sagt Tariq, und sein Blick bezeugt, dass die einfühlsamen Sätze von Herzen kommen. In Tariqs Bekanntenkreis hat niemand zwei Ehefrauen: »Meine Freunde sind mir nicht einmal im Spaß neidisch, sondern sagen mir: Möge Gott dir beistehen!«

Khulud beschloss, das Haus ihres Bigamisten zu verlassen. »Die Kinder blieben nach arabischem Recht bei mir«, sagt Tariq. Drei Monate verbrachte sie bei ihren Eltern, dann kam sie zurück: »Sie vermisste ihre Kinder.« Im Bett drehte Khulud ihrem Mann den Rücken zu, bestand aber darauf, dass sie gemeinsam schlafen gehen: »Sie wollte, dass unsere Kinder sehen, wie ihre Eltern gemeinsam ins Schlafzimmer gehen und wieder herauskommen, damit sie nicht von meiner Entscheidung betroffen sind.« Um seiner ersten Frau die Lage zu erleichtern, baute Tariq ihr ein neues Haus, wo sie mit den Kindern einzog. Die Zeit mit Sahar betrachtet er als besonderes Geschenk: »Wir sind jetzt zehn Jahre zusammen und nie im Streit schlafen gegangen.«

Irgendwann begannen die Dinge sich langsam wieder einzurenken: »Khulud ignorierte meine zweite Ehe einfach.« Tariq schläft abwechselnd bei einer seiner zwei Frauen: »Das schreibt der Islam so vor.« Khulud stellte sich vor, dass er jede zweite Nacht schwer arbeitete und deswegen nicht heimkam. Nach drei Jahren lernten Tariqs Ehefrauen einander kennen. Sie leben zwar immer noch in getrennten Häusern, »aber für meine Kinder sind beide Häuser ihr Heim«. Mit beiden Frauen zeugte Tariq später weitere Töchter. Die Tamimis, so sagt Tariq, sind heute eine glückliche Familie.

Der Playboy Badir und seine Fatima werden noch etwas Zeit brauchen, bevor sie eine Familie mit Kindern sind. Aber damals galt es erst einmal, zu heiraten: »Als ich verstand, dass ich Fatima liebe, begann die Zeit für ernsthafte Gesten: Ich stellte sie meinen Eltern vor«, sagt Badir. Auf Fatimas Seite wurden jetzt ebenfalls die Verwandten eingeschaltet. Da ihr Vater bereits verstorben war, interviewte ihr Onkel Badir. »Danach begann eine einmonatige Wartezeit, in der er seine Kontakte spielen ließ, um alles über mich herauszufinden«, sagt Badir und fügt grinsend hinzu: »Gut, dass ich immer sehr diskret war.«

Fatima erhielt von ihrer Familie nur bedingt grünes Licht: »Sie waren nicht glücklich über meine Wahl. Mein Onkel sagte, er werde mich nicht aufhalten, aber ich dürfe mich nachher auch nicht beschweren, wenn etwas schiefginge.« Besonders ein Problem wurmte Fatimas Verwandte: Als Einwohnerin von Jerusalem besitzt sie eine blaue israelische Identitätskarte. Die gewährt ihr volle Bewegungsfreiheit in Israel, gibt ihr Zugang zur israelischen Kranken- und Sozialversicherung. »Ich hingegen habe nur einen palästinensischen Ausweis«, sagt Badir. Sein Zugang nach Jerusalem ist stark beschränkt: »Ich darf nur drei Mal alle drei Monate für einen halben Tag in die Stadt.«

Das schafft gewaltige Probleme für das junge Paar. Fatima musste auf die andere Seite der Trennmauer ziehen, um mit ihrer Herzenswahl zusammenzuleben. Ihr Bruder riet deswegen von der Ehe ab. Die Familie errichtete Hürden, um die Hochzeit zu verhindern: »Sie legten fest, dass ich ihr fünfhundert Gramm Gold schenken müsste« – im Wert von umgerechnet rund dreiundzwanzigtausend Euro. »Das ist mehr als üblich und liegt daran, dass ich keine Jerusalem ID habe und aus keiner berühmten Familie stamme. Sonst hätten sie sich auch mit dreihundert Gramm zufriedengegeben«, meint Badir. Er musste Fatima jetzt haufenweise Goldringe, Halsketten und Armbänder kaufen. »Ich bin aber nie auf fünfhundert Gramm gekommen, bin doch nicht Krösus«, schnauft er. Dennoch überzeugten sie die Familie und hielten endlich eine Verlobungsparty in Fatimas Wohnhaus, »direkt neben der Trennmauer an der Nordgrenze Jerusalems«.

Heute lebt das Paar in Kufr Akab, zwischen Ramallah und Jerusalem. Ihr Schicksal scheint Dr. Badrans These zu unterstreichen, dass Palästinenser nur den Anfang einer Liebe genießen können. Badir weigert sich, sich um eine Jerusalem ID zu bewerben: »Dafür müssten wir jahrelang in einem Stadtteil Jerusalems leben, auf der palästinensischen Seite der Mauer. Aber da sind die Mieten horrend, die Wohnungen schlecht, und dort leben Menschen, die ich nicht kenne. Ich bleibe lieber waschechter Palästinenser«, sagt Badir. Bleiben sie aber zu lange in den palästinensischen Gebieten, könnten die israelischen Behörden Fatima eines Tages ihre blaue ID und damit ihren Sonderstatus entziehen. »Wir müssen alles tun, um beide Jerusalemer zu werden. Für unsere Kinder«, sagt deswegen Fatima. Zum ersten Mal an diesem Abend hat sie ihr Lächeln verloren, das Thema ist ihr todernst: »Wenn man jemanden liebt, ist man bereit, vieles für ihn zu opfern. Aber nie mehr nach Jerusalem zu gehen und meine Familie nie mehr zu sehen – das ist für mich zu viel verlangt.« Egal wie romantisch man in Palästina ist. Liebe kann sich hier nicht erlauben, blind zu sein.

Besser, du stirbst!

*Homosexualität ist hier nicht willkommen: Schwul sein
kann in Palästina den Tod bedeuten. Hunderte fristen
deshalb in Israel ein Schattendasein*

Der Augenblick, in dem er die DVD mit dem
Pornofilm ins Abspielgerät schob, änderte sein
Leben: »Ich war damals dreizehn Jahre alt. Es
war reiner Zufall«, sagt der heute achtundzwanzig Jahre alte Jussuf, der einen fiktiven Namen
angibt, um sich zu schützen: »Ich war bei meinem Nachbarn und durchstöberte seine Samm-
lung. Auf einmal sah ich auf dem Bildschirm, wie
Männer es miteinander treiben. Zum ersten Mal
in meinem Leben war ich sexuell erregt.« Dem
zweiundzwanzig Jahre alten Nachbarn war das
nicht peinlich, im Gegenteil: Es kam ihm gele-
gen. Er packte die Gelegenheit beim Schopf, Jussuf anderswo, und schlief mit dem Jungen. »Wir
wurden gleich beim ersten Mal erwischt«, sagt
der hagere Jussuf und rollt bei jedem zweiten
Satz seine eingefallenen braunen Augen hoch.
Jussufs Jugend war vorbei: »Meine Sippe konnte dem Nachbarn nichts anhaben. Er stammt aus
einer mächtigen Familie. Also wurde ich für den
Zwischenfall, der Schande über die ganze Familie
brachte, zur Rechenschaft gezogen.« Jussufs Familie schlug ihn krankenhausreif. Er verbrachte

zwei Wochen auf der Intensivstation und mehrere Wochen im Krankenhaus, um sich von der Gehirnerschütterung, dem gebrochenen Arm und Bein zu erholen. Ihm war klar: »In Hebron konnte ich nicht mehr bleiben.« Der dreizehn Jahre alte Junge musste seine Geburtsstadt verlassen.

Die Flucht führte Jussuf nach Ostjerusalem, zu arabischen Familienfreunden, die ihn mehrere Monate bei sich versteckten. »Sie wussten nicht, dass ich homosexuell bin«, sagt der junge Mann, dessen Gesicht und Körper mit tiefen Narben überzogen sind. Als Teenager lebte er von dem Geld, das er auf dem Gemüsemarkt verdiente. Als er sechzehn war, griffen israelische Polizisten Jussuf auf – er war ein illegaler Einwanderer: »Die Beamten schickten mich zurück nach Hebron. Sie setzten mich an einem Checkpoint nahe der Stadt ab. Ich wusste, wie gefährlich es war, zurück nach Hause zu gehen, aber ich hatte keine Wahl. Mein ganzes Geld war in Jerusalem geblieben.« Daheim hatte sich die Rage der Geschwister seit der letzten Tracht Prügel noch gesteigert: »Wir waren im Wohnzimmer. Zwei meiner Brüder waren anwesend und drei Cousins, mein Vater war auch zu Hause. Sie warfen mir vor, dass sie meinetwegen keine Ehepartner finden. Palästinenser glauben, dass Homosexualität genetisch veranlagt ist. Deswegen wollte niemand meine vierzehn Geschwister heiraten.« Jussufs Verwandten sahen nur einen Ausweg, um die Familienehre wiederherzustellen: »Es ist besser, du stirbst!«, sagte einer seiner Brüder, und stach ihm einen Dolch in die Brust. »Danach sperrten sie mich in ein Zimmer, damit ich dort verblute.« Sein kleiner Bruder rettete ihm das Leben: »Er kam in der Nacht, öffnete mir die Tür, und ich floh.«

Jussuf hatte daheim niemanden, an den er sich wenden konnte: »Die Polizei rufen? Polizei – was ist das?«, fragt Jussuf ironisch. »Die palästinensische Polizei mischt sich nicht in Familienangelegenheiten ein. Homosexualität gilt als unmoralisch, unislamisch. Deswegen stört es niemanden, wenn Schwule verschwinden. Im Gegenteil: Es wird erwartet, dass die Familien sich selber um Problemfälle kümmern. Die Polizei schaut dann in die andere Richtung«, sagt Jussuf.

Es ist schwer, mehr Feinde zu haben als ein *Luti*. So nennen Palästinenser Homosexuelle, in Anspielung an den biblischen Lot. Palästinensische Sicherheitskräfte brandmarken sie als potenzielle israelische Kollaborateure und erklären sie somit für vogelfrei oder sperren sie ein. In ländlichen Gebieten, wo die Zentralgewalt der Palästinensischen Autonomiebehörde schwach ist, ist die Lage noch schlimmer: »Große Sippen kümmern sich dort um die öffentliche Ordnung«, sagt Jussuf: »Wer da aus der Reihe tanzt, hat schnell durchlöcherte Kniescheiben oder eine Kugel im Kopf. Zwei meiner schwulen Freunde wurden in den vergangenen vier Jahren auf einem Hügel neben ihrem Dorf erschossen. Ein weiterer wurde auf dem zentralen Platz seines Dorfes gehängt. Niemanden kümmert das.« Jussuf sah deswegen nur einen Ausweg: »Ich wusste, ich muss nach Tel Aviv, sonst werde ich das nicht überleben.«

Tel Aviv – die größte und modernste Metropole Israels – gilt in der arabischen Welt als Sinnbild für den fortschrittlichen, machtvollen, aggressiven Staat jüdischer Zionisten. Nicht umsonst drohen Israels Feinde stets damit, Tel Aviv und nicht das von den Israelis als Hauptstadt beanspruchte Jerusalem mit Raketen zu beschießen und zu vernichten. Aber fern dieser offiziellen Ansicht hat Tel Aviv für Araber eine weitere Symbolfunktion, sagt Jussuf: »Die Stadt ist Sinnbild der absoluten Freiheit. Was für Europäer New York ist, ist für Palästinenser Tel Aviv. Hier ist das Paradies«, sagt Jussuf und lehnt sich in seinem Stuhl zurück. Hier, in einem Zentrum der Schwulengemeinde mitten in der hebräischen Stadt, fühlt er sich erstmals sicher.

Doch bevor Jussuf sein Tel Aviver »Paradies« erfahren konnte, durchwanderte er erst einmal die Großstadthölle: »Ich kam zuerst bei einem anderen Schwulen aus Hebron unter, der bereits in Tel Aviv wohnte. Irgendwann wollte ich nicht mehr auf seine Kosten leben, obwohl ich als Illegaler hier keine Arbeit finden konnte.« Genau wie sein Wohnungsgenosse begann Jussuf deswegen, sich zu prostituieren. Sechs Jahre lang verkaufte er seinen Körper: »Das war am Anfang richtig gutes Geld«, sagt er indifferent, und seine eingefallenen Augen blitzen kurz auf. »Das Angebot ist klein, man kennt einander. Wenn dann plötzlich Frischfleisch auf dem Markt ist, kann man gute Preise erzielen, bis zu tausend Euro am Tag.« Ein Jahr später lernte Jussuf einen jüdischen Freund kennen: »Das war meine erste echte Beziehung. Wir liebten uns.« Jussuf benutzte nun auch Drogen: »Ich habe alles versucht«, sagt er mit seiner abgebrühten Reibeisenstimme. Jussuf bezahlte seine Sucht mit Raub und Diebstahl. Nach drei Jahren endete seine Glückssträhne: Er wurde verhaftet, kam für fünf Jahre ins Gefängnis. Sein Freund erfuhr so erstmals die Wahrheit über ihn, die Beziehung war vorbei.

Dennoch war er nicht allein. Schaul Ganon, ein Bär von einem Mann, ist eigentlich Gärtner. Seit rund fünfzehn Jahren jedoch kümmert er sich ehrenamtlich im Auftrag der israelischen Vereinigung der Schwulen, Lesben, Bisexuellen und Transgenders (GLBT) um palästinensische Homosexuelle, die nach Israel flüchten: »Jeder versucht, sie auszunutzen. Ein *Luti* ist immer am Arsch«, sagt Schaul. »Auf der palästinensischen Seite gelten sie als Spitzel der Israelis, weil Israels Geheimdienst sie als leicht manipulierbare Individuen sieht, aus denen man Informationen pressen kann. Ihre Familien betrachten sie als Schandfleck. Für israelische Bürger sind sie fremde Palästinenser, in den Augen der israelischen Polizei ein Sicherheitsrisiko.«

Diese Angst sei nicht aus der Luft gegriffen:

»Ich kenne einen *Luti*, der von einer Terrororganisation die Chance erhielt, seinen Namen wieder reinzuwaschen: Er sollte für sie eine Tasche über einen Checkpoint schmuggeln«, erzählt Schaul. Doch der Schwule war misstrauisch, stellte die Tasche direkt vor dem Checkpoint auf den Boden und warnte die Soldaten: »Er wollte niemandem Schaden zufügen. Die Tasche war voller Sprengstoff. Die Terroristen wollten sie gemeinsam mit dem Schwulen zünden, um die Soldaten zu töten. Aus ihrer Sicht hätten sie zwei Fliegen mit einer Klappe geschlagen.«

Jussufs Geschichte sei zwar tragisch, »für einen *Luti* aber typisch«, sagt Schaul deswegen. Etwa tausend *Lutis* leben heute in Israel, davon etwa vierhundert in Tel Aviv. »Wenn wir uns nicht um sie kümmern, haben sie niemanden«, sagt Schaul, der Jussuf vor zwölf Jahren vom Straßenstrich auflas und ihn seither durch dick und dünn begleitet. »Leider kann unser Verein den Palästinensern nicht viel bieten«, sagt Schaul. Man könne sich zwar an die Behörden wenden und um eine Aufenthaltsgenehmigung für bedrohte Personen bitten. »Aber das birgt große Risiken.« Letztlich gelange die Information über den Antrag immer ins Westjordanland: »Dann sind sie dort vogelfrei und können nie wieder heimkehren«, sagt Schaul. Deswegen hätten bisher nur achtundsechzig von etwa tausend Personen von dem Angebot Gebrauch gemacht. Diese Aussichtslosigkeit führt zu tiefer Verzweiflung:

»Fast jeder geflüchtete Palästinenser, den ich kenne, hat mindestens einmal versucht, sich das Leben zu nehmen«, sagt Schaul. Jussuf sei ein Spitzenreiter: Er hat bereits sieben Selbstmordversuche hinter sich. Schaul weiß nur einen guten Rat: »Verlasst das Land!«

»No way! Ich gehe hier nie weg!«, sagt Jussuf und zeigt erstmals Emotionen. »Es ist nirgends auf der Welt besser als in Tel Aviv. Seit ich hier lebe, habe ich noch nie Rassismus erfahren. Sogar während der Zweiten Intifada, als hier überall die Busse von Palästinensern in die Luft gesprengt wurden, waren die Juden nett zu mir.« Trotz allen Enthusiasmus: Jussufs Leben als illegaler Einwanderer läuft nicht reibungsfrei: »Wenn jemand wie Jussuf in ein großes Einkaufszentrum geht, wo am Eingang bewaffnete Wächter stehen, kann es zum Eklat kommen. Der Wächter fragt nach einem Ausweis. Jussuf hat keinen. Dank seines arabischen Akzents bekommen die Wächter es schnell mit der Angst zu tun und rufen nach Verstärkung.«

Dennoch will Jussuf um jeden Preis in Tel Aviv bleiben. Mehr als vierzig Mal verhaftete die israelische Polizei ihn und setzte ihn im Westjordanland ab. Jussuf fand bisher stets einen Weg zurück: »Ich kenne schon alles: die Beamten, die Zellen, die Fragen und die Tricks, um über die Grenzanlagen zu kommen«, sagt er. Entweder nimmt er den langen Umweg durch die Wüste im Süden, eine andere Route führt durch das Dorf Baqa al Gharbiyah im

Norden: »Da kann man sich nachts über die Felder schleichen. Schaul wartet dann immer auf der anderen Seite mit dem Auto.« Die dritte Option sei, bei Jerusalem nachts über die Mauer zu klettern.

Jüdische Polizisten flößen Jussuf keine Angst mehr ein: »Die sind korrekt, behandeln mich mit Respekt. Manchmal, besonders gegen Ende ihrer Schicht, lassen sie mich inzwischen einfach wieder ziehen. Sie kennen mich und wissen, dass ich heute keinen Schaden mehr anrichte. Sie haben keine Lust, den ganzen Papierkram zu erledigen, mich zum Checkpoint und wieder zurück zu fahren. Das macht ihnen die ganze Schicht kaputt«, sagt Jussuf, und sein schmales Gesicht grinst mit einem Totenkopflächeln voller gelber Zähne. Der Mitgliedsausweis des Schwulenvereins sei beim Kontakt mit jüdischen Polizisten hilfreich: »Die sagen mir manchmal: Was, du bist Araber und schwul? Dann geh nach Hause, Gott hat dich schon genug gestraft.« Arabische Polizisten, Drusen oder Beduinen, würden hingegen bösartig, sobald sie herausfänden, dass Jussuf homosexuell sei: »Sie prügeln mich und stehlen alles, was ich bei mir trage.« Jussuf will aber keine Beschwerde einreichen: »Dann würden die Prügel bei der nächsten Verhaftung nur noch schlimmer.«

Nach Jahren steten Niedergangs geht es neuerdings wieder bergauf: »Ich bin nach einer Entzugskur in Israel seit dreizehn Monaten und drei Tagen clean.« Zum ersten Mal seit Jahren hat Jussuf wieder Träume: »Ich will Koch werden«, sagt er. Am innigsten wünscht er sich, »eines Tages ohne Angst durch Tel Aviv gehen zu können, hier arbeiten zu dürfen, hier zu leben«. Doch die israelische Staatsbürgerschaft würde er deswegen nicht annehmen: »Einerseits hätte ich sie gern, es würde mein Leben leichter machen. Aber ich bin ein stolzer Palästinenser. Der Geheimdienst hat mir so etwas schon mal angeboten, aber ich habe es abgelehnt.« Trotz allem beharrt Jussuf: »Ich werde mein Volk und mein Land nie verraten, auch wenn es mich verraten hat.«

Tausendundein Abend

Ramallah ist Palästinas Vergnügungsmetropole.
Sogar Araber aus Israel pilgern hierher, um sich zu
amüsieren. Durchgefeiert wird dennoch nicht

Es ist nicht lang her, da klappte man in Ramallah nachts noch die Bürgersteige hoch. Die Einzigen, die sich hier nach Sonnenuntergang noch durch die Dunkelheit bewegten, waren israelische Spezialeinheiten, Panzer oder Terroristen. Dieser Anblick gehört inzwischen der Vergangenheit an: Die größte Gefahr in der Innenstadt geht heutzutage von *Schawarma*-Buden und Kaffeehäusern aus, die verlockende Duftschwaden auf die Straßen entsenden und arglose Besucher heimtückisch zu kulinarischen Exzessen verführen. Wenn sich jetzt der Tag dem Ende zuneigt, bleiben die Straßen voller Menschen. Wohlgemerkt: Straßen, nicht Bürgersteige. Denn den durchschnittlichen palästinensischen Fußgänger scheint es stets von den ordentlich angelegten Trottoirs in die Mitte der ohnehin schon hoffnungslos verstopften Verkehrsadern zu ziehen. Bei aller Ordnung, die die sorgfältig geschniegelte und gestriegelte neue Polizei im Regierungssitz verbreiten will, scheint das der einzige Weg zu sein, noch ein bisschen wohltuende, nahöstliche Anarchie zum Ausdruck zu bringen.

Direkt über dem zentralen Manara-Platz mitten in der Stadt befindet sich ein beliebter Treffpunkt von Jugendlichen und Ausländern. Schon von außen künden runde, leuchtende, grüne Siegel davon, dass man auf der dritten Etage das »Stars and Bucks«-Café finden kann. Nein, das ist kein Druckfehler, sondern ein durchaus gewolltes palästinensisches Plagiat in enger Anlehnung an die bekannte amerikanische Kaffeehauskette. »Eigentlich wollte ich mein Café ›Najum wa Sanduk‹ nennen, und das ist die englische Übersetzung«, behauptet der Eigentümer Raed Arafat, doch das überzeugt nicht wirklich. Dieser arabische Name bedeutet übersetzt doch »Sterne und Kiste« – also »Stars and Box« – und ergibt nicht sonderlich viel Sinn. Auch die Verantwortung für die fast deckungsgleiche Ähnlichkeit des Logos seiner Kette und des des US-Kaffeeriesen weist Raed weit von sich: »Das war mein Designer«, sagt er.

Nicht nur Touristen, auch islamische Terroristen taten sich anfangs schwer, zwischen dem Original und dem palästinensischen Plagiat zu unterscheiden. Fanatische Feinde der USA schossen deswegen das Café auf dem Manara-Platz im Jahr 2007 in Stücke. Doch inzwischen ist allen klar, dass Raed ein patriotischer Palästinenser ist, und so konnte er ungehindert bereits fünf Zweigstellen eröffnen. Wenn es draußen dunkel wird, füllen sich im originalen »Stars and Bucks« über dem Manara-Platz die bequemen Sitzbänke.

Dichter Rauch aus Zigaretten und Wasserpfeifen füllt die Luft, aus den Lautsprechern dröhnt ein eklektischer Mix von Modern Talking, Techno und arabischem Hip-Hop. Junge Paare laben sich an Milkshakes, Kaffees, Keksen und Kuchen, oder nutzen einfach den Umstand aus, dass es hier kostenloses Wi-Fi gibt.

Wie die meisten Cafés und Restaurants in Ramallah schließt das »Stars and Bucks« um zehn Uhr abends. Wer dann noch nicht zurück nach Hause gehen will, dem bleibt inzwischen eine kleine Auswahl an Etablissements. Eine Neuerscheinung ist der Nachtclub Basement auf der Ruhab Straße, im Untergeschoss eines Einkaufszentrums. Das Basement kommt daher wie eine richtige Diskothek und leistet sich sogar ein paar Türsteher. Penibel bewachen die Bouncer der Firma Palsafe den Eingang, doch trotz der schwarzen Bomberjacken und der Walkie-Talkies in ihren Händen sehen sie nicht wirklich bedrohlich aus. Man hat eher Mitgefühl mit den schmächtigen Jungs, die sich an diesem kalten Märzabend die Füße in den Bauch stehen und frieren. Die wirklich starken und harten Kerle Palästinas bringen ihre Muskelkraft in anderen Jobs zum Tragen.

Nachdem man ein paar Stufen hinabgestiegen ist, erreicht man schließlich den Partyraum des Basement. Glänzend polierte Stahltische stehen neben tapezierten Wänden, ein roter Laser malt im Takt von Progressive-House-Musik wandelnde Konturen auf das falsche Parkett aus welligem Linoleum. Willkommen in Marwan Assads Reich. Der achtundzwanzig Jahre alte Manager ist in Ramallah eigentlich als Musikproduzent bekannt: Er schuf Megahits wie den Jingle für die palästinensische Coca-Cola-Kampagne und andere weltbekannte Marken. Aber seit einem Monat leitet er das Basement, von dem manche behaupten, es sei der heißeste Nachtclub Ramallahs: »Wir sind kein Nachtclub, auch keine Diskothek«, widerspricht der Manager und betont: »Wir sind ein Veranstaltungsort.« Assad erklärt den Unterschied: »Wir haben nicht jede Nacht geöffnet, manchmal vermieten wir den Raum für private Feiern. Ich bringe Musikgruppen her und Komiker. Dieser Ort soll ein Kulturzentrum werden.«

Assad ist zwar ein Intellektueller, aber seine Aversion gegen Diskotheken ist nicht elitär, sondern ideologischer Natur. Der Nachtclubmanager, der seinen Lebensunterhalt verdient, indem er in Ramallah für Vergnügung sorgt, wird scheinbar von einem schlechten Gewissen geplagt: »Ich glaube nicht, dass wir Palästinenser Nachtclubs brauchen. Wir brauchen Orte der Kultur: Museen, Musikveranstaltungen, Filme – also Dinge, die unsere Identität erhalten. Die junge Generation ist zu versessen aufs Spaßhaben, sie übernimmt globale Werte. Dabei löscht sie unsere palästinensische Identität aus«, sagt Assad. Ihm wäre lieber, wenn »die Jungen ihre

Geschichte und Kultur besser kennenlernen, und nicht nur einem ›modernen‹, internationalen Lebensstil nacheifern«, sagt Assad und steht auf, um nachzuprüfen, ob die Bar genug Bier für die erwarteten Gäste hat.

Zurück am Tisch, vertieft Assad seine These: »Dieses ständige Spaß-haben-Wollen ist Eskapismus. Wir lügen uns doch selber an«, sagt Assad und kommt jetzt richtig in Fahrt. »Unter der Besatzung gibt es so etwas wie normales Leben nicht, und darf es auch nicht geben, solange die Besatzung andauert.« Dabei ist unklar, welche Grenzen er meint, wenn er von Besatzung spricht: Gemäßigte Palästinenser geben sich mit den Waffenstillstandslinien von 1967 zufrieden, das Jahr, in dem Israel im Sechstagekrieg, den Palästinenser die *Naqsa* (Arabisch für »Rückschlag«) nennen, das Westjordanland und den Gazastreifen eroberte. Anderen genügt das nicht: Sie sprechen von der Besetzung von 1948, also dem Jahr, in dem der Staat Israel gegründet wurde. Sie wollen den Judenstaat nebenan auslöschen. Wenn Assad von Israel spricht, spricht er vom »sogenannten Staat Israel« und hebt beide Hände in die Luft, um mit Zeige- und Mittelfinger ein Paar Gänsefüßchen anzudeuten. Assad sieht sich als Flüchtling: »Ich wurde im Flüchtlingslager Kalandia geboren, dabei hätte ich eigentlich in Westjerusalem zur Welt kommen müssen. Da ist Palästina, mein Heim«, sagt Assad. Wie viele Palästinenser nennt er als Geburtsort den Ort, aus dem seine Großeltern, in manchen Fällen gar die Urgroßeltern, stammen. Das Ethos vom Recht auf Rückkehr in die Dörfer und Städte, die sie vor über sechzig Jahren verlassen haben, ist eine tragende Säule in der Weltanschauung der Flüchtlinge und ihrer Nachkommen. In palästinensischen Häusern werden immer wieder alte Schlüssel zur Schau gestellt, als Symbol für das Recht, zu den alten Besitztümern heimkehren zu dürfen. Von Normalisierung oder Kooperation mit jüdischen Künstlern will Assad nichts hören. Das einzige Zugeständnis, zu dem er bereit ist, sind die kurzen Feiern in seinem Basement: »Manchmal ist es auch eine Art von Widerstand, wenn man teilweise ein normales Leben führt«, sagt der junge Manager, bevor er sich zurück an die Arbeit macht.

In einer Hinsicht ist das Basement wirklich kein Nachtclub: Spätestens um ein Uhr dreißig ist hier Schluss mit Feiern. »Die Behörden lassen uns nicht länger«, erklärt Assad. Ohnehin wandert ein Teil der Kundschaft schon vorher ins Aneeseh ab, eine der coolsten und anrüchigsten Bars Ramallahs: Auf dem Hof vor dem Eingang manövrieren mehrere Wächter die Wagen der Gäste in kleine Parklücken. Es mutet fast wie eine Parodie zum Rückkehrethos der Flüchtlinge an, wie sie die Autoschlüssel ihrer Klienten wie auf einem Präsentierteller auf einer Motorhaube aufbewahren. Im Aneeseh feiert man ein anderes Recht: den Ethos, den Alltag auch mal vergessen zu dürfen. Schon auf dem Parkplatz hört man die Musik und das Lachen aus dem Inneren. Dort trinkt man gemeinsam Alkohol und lernt sich kennen. Die Mädels tragen lange Wimpern und atemberaubend kurze Röcke. Dort sitzt eine kichernd auf dem Schoß ihres Freundes – andernorts undenkbar –, da schmiegt sich ein Paar eng aneinander. Jungs und Mädchen prosten einander zu, lachen, halten Händchen, knutschen auch mal. Doch auch hier wird spätestens um zwei Uhr dichtgemacht. Ein Palästinenser hat nur noch eine Wahl: Er kann schlafen gehen oder zur Bar des Mövenpick Hotels. Touristen, die die Grenzanlagen passieren dürfen, steht freilich eine weitere Option zur Verfügung: Nur fünfzig Minuten Autofahrt von hier entfernt fängt in Tel Aviv um diese Uhrzeit die Party erst richtig an.